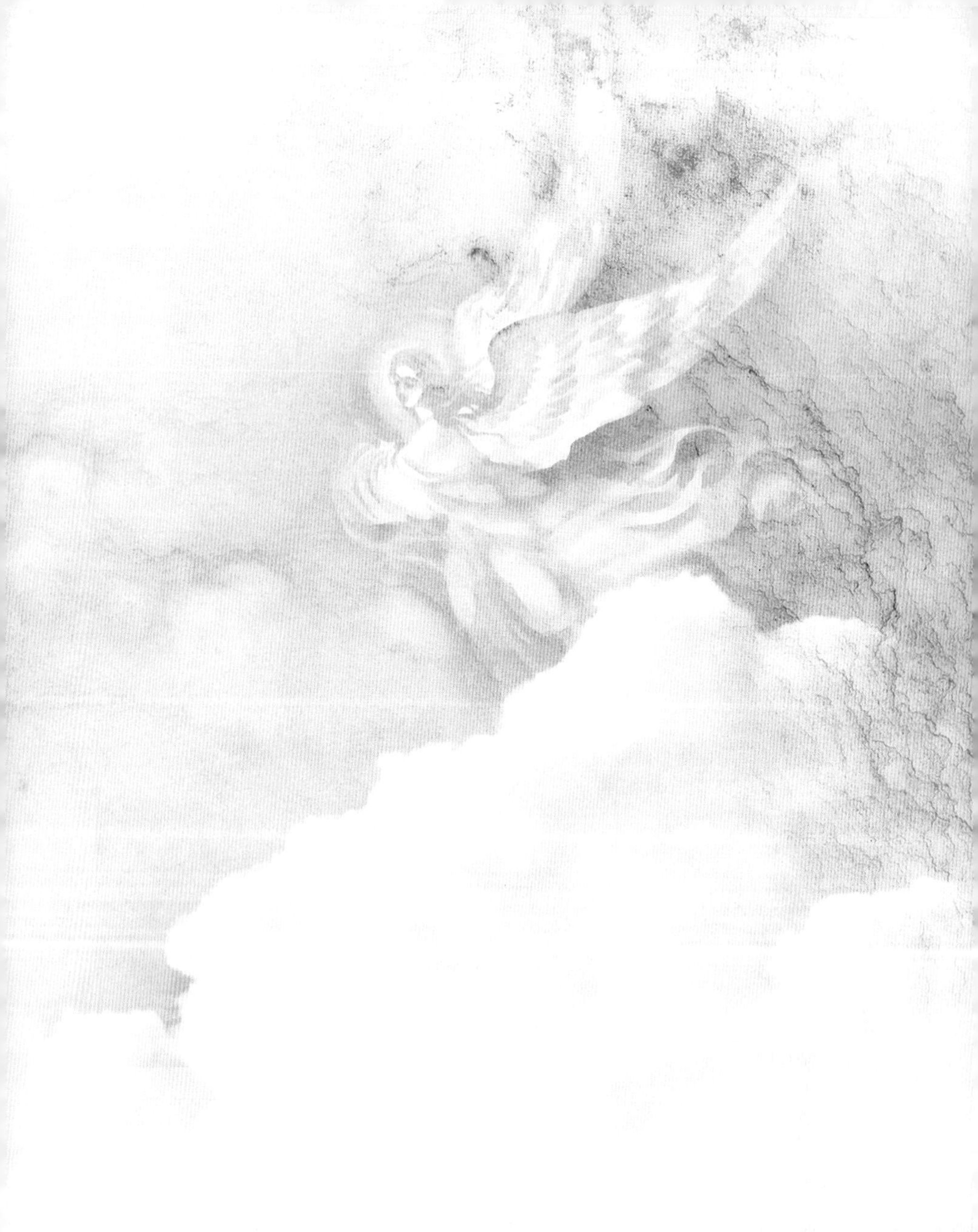

天使靈氣療癒入門

啟動內在的神性修復本能

黃靖雅／著

天使王國是讓您成為神性之手的管道與工具的指引。
我們將會給予你們的這些知識，就是那套被稱為「天使靈氣」的體系。

——大天使麥達昶（Metatron，接訊者：凱文・柯瑞）

【推薦序】

以愛與智慧為基礎的天使靈氣

我非常感謝 Irene Huang（黃靖雅）接受挑戰，寫下這本有關「天使靈氣」經驗的書，感謝橡實出版社能夠分享這些內容來啟發臺灣的民眾。

天使靈氣不僅僅是另一種靈氣，它是建立在對靈性哲學不斷深入的理解上，以適應我們這個時代的巨大變化。療癒的目的是豐富和支持我們的靈性道路，在天使靈氣哲學中，這條道路的基礎是愛與智慧。我們工作坊中所教授的智慧，是基於古老而永恆的真理，不是來自東方或西方的真理，而是基於所有古老智慧教義的源頭之宇宙真理。

天使靈氣療癒與道家無為的智慧是絕對一致的，但現代人的思想很難在「做」這件事上放手和改善，難以單純地在無為的深層療癒空間裡休息。

天使靈氣在臺灣迅速綻放，揭示了一種開放的慈悲心，這是基於對自己古老真理的本能了解。我很感謝 Elizabeth Chow，她在二〇一四年來到英國跟我學習，並在臺灣播下天使靈氣成長的種子。

天使靈氣帶來了「我們這個時代的療癒」，隨之而來的挑戰是揭開被遺忘的古老真理，詳情可以參考我的英文著作 *Angelic Reiki-The Heal-ing of Our Time*。我和已故的丈夫凱文，把天使靈氣帶到世界各地，並珍惜它在世界各地的成長，這絕對是我的榮幸與榮耀。

我相信這本書會激勵讀者打開自己的生命，以愛與智慧為基礎，找到自己的真理，並且放下今天的壓力。

想要了解更多資訊，請至天使靈氣的官方網站：

www.angelicreikiinternational.com

克莉絲汀・柯瑞，天使靈氣共同創辦人©

＊以下為推薦序原文，供讀者參閱。

I am very grateful to Irene Huang for embracing the challenge of writing this book about her experiences of Angelic Reiki and to Acorn Press for making it possible to share these to inspire people in Taiwan.

Angelic Reiki is not just another Reiki. It is founded on an ever-deepening understanding of Spiritual philosophy in line with the great changes of our time.

The intent of a healing is to enrich and support our spiritual path. The foundation of this path in Angelic Reiki philosophy is Love and Wisdom. The wisdom taught on our workshops is based on ancient and timeless truths. Not truth taken from the East or the West, but on Universal Truths that are the sourceof all ancient wisdom teachings.

An Angelic Reiki healing is absolute congruent with the Taoist wisdom of Wu Wei. It can be difficult for our modern minds to let go of doing and improving butto simply rest in the profound healing space of Wu Wei.

Angelic Reiki blossomed quickly in Taiwan revealing an openness to the compassion that lies there based on aninstinctive knowing of your ancient truth. I am grateful to Elizabeth Chow who came to the UK to study with me in 2014 and seeded the growth of Angelic Reiki in Taiwan.

Angelic Reiki brings "The Healing for Our Time" , and with this the challenge of unveiling forgotten ancient truths. The title of my book in English is "*Angelic Reiki —— The Healing of Our Time*".

It has been an absolute privilege and honor for both my late husband Kevin and I to bring Angelic Reiki and cherish its growth around the world.

I trust that this book will inspire the reader to open their lives to finding their truth based on Love and Wisdom, and a let go of stresses of today.

For more information, visit our website:

www.angelicreikiinternational.com

Christine Core

【推薦序】

天使靈氣支持我們踏上個人的神性旅程

天使靈氣與天使療法，都是我在開始接觸靈性領域頭幾年的階段裡，有緣分接觸到的天使系統。

我一直相信有天使的存在，甚至經常感覺到天使就在身邊，也透過各種共時性事件的發生（例如出現天使數字、看見羽毛），一一獲得確認。

特別是在我傳送天使靈氣時，最能感受到天使的愛。只要一祈請天使，瞬間就有溫暖與充滿愛的能量感覺，我能直接感受到手掌心的熱度與氣流，以及接受天使靈氣的夥伴此刻發生的狀態。同時我也是畫面感受力很強的人，因此能夠感受到成群的天使聖團在協助我傳遞療癒的靈氣與光。

有好幾次的經驗是，親友向我述說目前所遇到的困境、身體不舒服等，我就會邀請天使，信任天使國度的協助，將會有最適合的天使來到對方身邊進行協助。

我經常在生活中練習邀請天使來幫忙，只要心中動一個念頭，說出我的渴望，每回出現的結果不僅快又好，讓我驚呼不已，甚至天使讓我看見的畫面、出現的方式，都遠遠超乎我的想像。例如，從最簡單的感恩天使幫我預留好位置最佳的停車位、希望能準時到達我要去的地點、想要撿到羽毛，或是請天使給我指引、幫助我解決難關等，天使總是如此給力，讓我更體會到什麼是交託與信任的重要！因此，我在自己受益後，不僅在生活事件上會請天使協助，也開始與天使合作，進行許多書籍與出版的創作，分享連結天使的美好。

書中的這段話，讓我有很深的觸動：

「天使靈氣是天使療法的一種，也是人與天使合作的一種能量療癒方式。天使是神性的延伸，而天使靈氣是藉由與天使、天使王國合作的經驗中，去感受天使的存在與力量，透過天使靈氣無條件之愛，讓我們重新認識神性的自我。」

天使是神的訊息傳遞者，而我們又是神與天使的管道，負責把神性的力量展現並發揮出來。

「天使靈氣」這套源自於大天使麥達昶所傳承下來的能量療法，就是讓我們成為神性之手的管道與指引。我想，我與大天使麥達昶有很深的緣分（祂是我的導師之一），正如同我與靖雅有著深刻的緣分一樣，我們是在靈性道途上的好姊妹，亦師亦友，一起成長。

與天使連結，早已成為我生命中的一部分，而這本書正是目前天使靈氣的經典書籍！

市面上介紹「天使」的相關書籍不多，尤其是華文世界的天使書更是少之又少。靖雅老師用心撰寫的這本書，非常詳細地介紹了天使靈氣與大天使的各種資訊，兼具知性與靈性的內容，完整度、充實度極高，真心推薦給大家！

心 陳昭君

諮商心理師、左西人文空間、
學爾國際教育機構創辦人

【自序】

天使靈氣簡單卻有強大的療癒力

在接觸天使靈氣之前，我鑽研的部分多是以牌卡為主，我人生中的第一套牌卡即是朵琳夫人的「大天使神諭卡」，記得第一次抽這套牌卡時，天使給我的回應讓我感受到祂們「懂」我，也讓我知道天使是存在的，原來天使不是這麼遙不可及。之後，只要是跟天使有相關的牌卡，總是會吸引我買下它，進而運用在個案諮詢中。藉由牌卡與天使連結，我清楚地感受到來自天使的指引及支持的力量，讓我在每次進行個案諮詢時，都會使用天使牌卡與天使一同合作。但是，在諮詢過程中，即使能準確地預測且強而有力地給出建議，在面對個案於心理、心靈上的創傷、糾結、情緒、想法時，我時常在想，除了給出客觀的建議之外，如果能有一種方法可以讓個案持續地療癒自身的問題，是不是會更完整？每個問題的發生，一定有因、有果，但許多問題的「因」是非常深層的，浮上檯面讓我們看到的只是最後的結果，然而，導致事情發生的原因，才是問題最大的癥結點，一旦這個「因」獲得解套，「結果」也就跟著改變了，所以，在我遇見天使靈氣時，我知道「它」就是我要找的方法。

在眾多能量療法中，我選擇了天使靈氣，是因為它具有「無條件之愛」。天使靈氣是大天使麥達昶傳遞給英國凱文・柯瑞（Kevin Core），並由他與夫人克莉絲汀（Christine Core）共同創辦的一套能量療癒體系，它是無條件的愛，不管你是誰、做過什麼、身分高低等等，在天使靈氣的療癒過程中皆一視同仁。天使王國的天使們，始終給出滿滿的無條件之愛療癒著每個人，尤其是在每次療癒的過程中，被天使們無條件之愛籠罩著、環抱著，這種溫暖支持的力量，常常讓療癒師或被療癒者感動得不由自主地掉下淚來，這種感動不一定需要「看」到或「聽」到任何畫面或訊息，但你的心卻可以清楚感受到這份滿滿的愛，而這無條件之愛可以消融心靈中的黑暗，讓人找到內心的安定，甚至會潛移默化地消融你心中的冰山，打開那封閉已久的心，讓人對周遭的事物不再冷漠，能將真實的情緒表達出來，成為一個有溫度且溫暖的人。自從二〇一五年接觸天使靈氣以來，在每一次的療癒過程、每一場天使靈氣工作坊中，天使王國的無條件之愛總是帶著大家更認識自己、療癒自己，從而在問題中看到愛。天使靈氣療癒的是問題的「因」而不是「果」，這也是我個人非常推崇的，因為從根本上解決，自然就不會產生問題，是非常有效的療癒方法。

很多人會將「天使」與宗教劃上等號，也有人以「靈氣」這兩個字的字面去解釋，以為「靈氣」是與靈魂有關，甚至會因為療癒過程中會出現訊息或畫面，就認為天使靈氣是「通靈」或「靈媒」的訓練課程，然而這些說法都不正確。天使靈氣的療癒師不能根據自己看到的畫面或訊息「看圖說故事」，此外，即使沒有任何畫面或訊息，也絲毫不影響療癒的過程及結果，一切都交託天使們。大道至簡，天使靈氣的系統非常純淨、簡單，沒有花俏的手法，不需要記憶任何符號，課程中除了學習不同的療癒方式外，更多的是「往內」精進自己的練習，因為在療癒過程中，天使靈氣療癒師是一條「管道」，是能量流通的必經之處，如果能提升管道的敏銳度、感受力及能量，對於療癒過程及療癒師本身都有很大的助益，所以，對我個人來說，天使靈氣不僅僅是一種能量療癒法，也是提升自我身心靈非常好的一種修練方式。

在天使靈氣的教學中，總是有學員會擔心地問，如果在療癒過程中看不到、感受不到，怎麼辦？可以學習嗎？每個人所擁有的天賦才能本來就不一樣，有些人靈視、靈聽的能力較強，有些人則是感知能力較強，甚至有些人對於能量沒有任何感受，這些都是正常的，並非擁有靈視、靈聽、感知等能力的人靈性就比較高，所以，在每次工作坊中，我會要求大家屏除一定要「看」到、「聽」到的想法，即使什麼都沒看到、沒感覺，也不要有壓力，而從我自身及學員的經驗中，可以應證天使靈氣課程中所說，只要專注在傳送天使靈氣，天使靈氣即是完美的療癒。

這本書主要的目的，是希望用簡單易懂的方式，將天使靈氣這美好的療癒方式介紹給大家，讓更多人知道這一套由大天使麥達昶傳遞下來的天使靈氣，同時讓大家更能感受天使靈氣是實修且扎根的療癒方法，並且可以落實在日常生活中，成為生活及靈性提升的一部分，也希望藉由天使靈氣的實際案例，讓大家了解，不管療癒過程是否有畫面或訊息，天使靈氣都一樣在運作，一樣具有療癒力，任何人都適合來學習。

我一直鼓勵大家可以學習一種能量療法來療癒自己，如果行有餘力也可以療癒周遭的人，而天使靈氣簡單卻有強大的療癒力，就是非常適合每個人學習的一種能量療法。

黃靖雅

【好評分享】

特別的禮物

一般看到的案例故事，大多是以療癒師為第一人稱來敘述療癒過程及被療癒者的感受，而這篇特別的案例分享文，則是由療癒師與被療癒者同時寫下療癒過程中的感受及體驗，尤其被療癒者是對能量感知非常精確且獨特的中醫師，這樣的機會對我來說既難得又令人緊張。我很幸運能邀請誠美中醫的張院長讓我為他傳送天使靈氣，因為張院長被稱為「能量中醫」，能夠感知到、接收到，甚至看到更多的能量運作，所以在中醫的專業領域中，他不只是醫治病症，更會為每個來到面前的病患調整身心靈的所有狀態，因為身體與心靈是密不可分、缺一不可。

這篇對照分享文中，沒有帶入任何療癒內容的討論，僅以療癒師與被療癒者的角度記錄下各自的體驗，完整地呈現天使靈氣療癒，希望能讓大家有多一分的了解。這個特別的療癒經驗，對我來說是一份非常難得且特別的禮物，我也在此將這份禮物分享給大家！

為張院長傳送天使靈氣

在為張院長傳送天使靈氣時，當能量場合而為一，我感受到一位散發金色光芒的神聖存有及一條龍圍繞在張院長的周圍，我持續穩定地傳送天使靈氣，天使引導著開啟張院長在這地球上所有的轉世之門及時空之門，這時，從空中出現了一道白光一般的天梯（但無階梯），我隨著這道光往上，光的盡頭像是一個充滿了白光的天堂，白光非常明亮卻不會讓我覺得刺眼，在這裡，我看不到任何景物、任何人，映入眼前的只有明亮的光，但我不覺得害怕，反而覺得安心、平靜、溫暖，這裡像是神所在的地方？天使靈氣穩定地傳送，而我也沉浸在這白光中，這時，有個聲音很清楚地印入我的腦海：「Do it!」而我也清楚知道這句話是給我的。

在天使的引導下，我清楚感覺到自己回到了所處的空間，我穩定地傳送天使靈氣，感覺到有個短暫的光芒，同時意識中出現了「耶穌」這兩個字，不久，我感受到有一股類似藍白光的能量從天而下落在張院長的身上。在療癒即將結束時，我感受到在我右上方有點距離的地方，有一道非常明亮的光芒，其光體像是有翅膀但又不是翅膀，沒有任何具體的形象，就是非常明亮的光體，清楚直接地映入我腦中的是「六翼天使」。

天使靈氣傳送結束後，我覺得這是個很特別又難得的體驗。張院長自身即有著「特殊」的能量，而在幫張院長傳送天使靈氣時，隨著天使能量的引導，我個人沒有感受到「療癒」張院長的哪些部分，因為療癒師只是管道，天使靈氣療癒中所有的畫面皆由天使所引發，如果天使沒有特別給出的訊息，療癒師是不多做闡述或聯想的。這次傳送天使靈氣，與其說是「療癒」，倒不如說是在天使靈氣的能量下，依張院長的特殊體質及中醫專業，是否會激盪出不一樣的感覺與火花。非常感恩張院長給我機會讓我為他傳送天使靈氣，這是非常難得的經驗，讓我受益匪淺。

張院長的回饋：關於英國天使靈氣初體驗

靖雅因為緣分而來到門診，經過幾次看診聊天的過程，我知曉她是一位教塔羅的老師，常常會與她彼此閒聊生活中的體驗和體悟。有一天，靖雅突然詢問：「張醫師，有出版社邀我寫書，您可不可以幫我寫推薦序？」我回答：「寫出來再說囉！」心想：「寫書哪有這麼容易，可能還要很久，也不知道寫不寫得出～^_^」然後奇蹟出現了，「她寫完書，來要我的承諾」……就有了現在的功課。

由於靖雅是塔羅老師，我一直以為她是寫塔羅相關書，也以為「英國天使靈氣是塔羅相關書籍」，直到她邀稿時再度詳聊，我才發現「事情大條了」，不是塔羅，而是手作療癒身心靈，只能認命上場了！才有了以下「英國天使靈氣初體驗」與各位分享。

當時，靖雅把手放在我的身體上，一股暖流立即流入體內，是解凍、是融解、是溫暖、是流動，緩緩淡淡地感受天使靈氣源源不絕地帶領我進入一種「悠悠綿綿」的時空中，連呼吸也進入一種「綿綿不絕，呼不盡，吸不完」的感受中，就是舒服。接著，眼前隱約出現淡淡的光，如同暗室中忽見透著光的窗戶，沿著光的方向看去，似乎是淡藍色管道，沿著管道而上，我隱約看到一位天使，天使的長相以我有限的認知，長得很像「耶穌」的形象，用著關懷的眼神看著我們。恍惚中，我的腦中好像書頁快翻，所有陌生與熟悉的畫面交替翻轉著，如同電影快轉，感覺有人在翻閱著我的一切，「過去現在未來」、「壓縮檔解壓縮中」，以我自己的體驗而言，當我感受到解壓縮檔時，無論是睡夢中、生活中、工作中等，我往後日子一切的一切，都會透過未來人事物來到我的面前驗證……療癒結束後，我與靖雅分享彼此療癒所見，靖雅提到她有看見三股能量參與此次的療癒，其中兩股很熟悉，而第三股卻是陌生的，我回答：「第三股能量是來自宇宙意識能量，是為了未來五至十年而準備的。」

張寧鈺

誠美中醫診所院長

Contents

Chapter 1

Chapter 2

天使靈氣療癒進程及奉獻空間

Chapter 3

天使靈氣療癒實例分享

Chapter 1

認識英國天使靈氣

能量療法的種類非常多，比較常聽到的就是「靈氣」，不過靈氣有很多種，差異之處在於每一種靈氣接引的能量源頭不一樣、操作手法也不一樣，共同之處則是每一種「靈氣」所給出的「療癒」能量，對於人類的助益都很大。哪一種比較好呢？其實，不要去比較各種療癒，每種療癒都是不同的，主要端看自己個人的喜好，亦或是遇到跟自己有緣的療癒方式，那就是最適合自己的能量療法。

在學習天使靈氣之前，我也接觸過一些能量療法，但自從接觸天使靈氣之後，我知道這是適合我個人的能量療癒方式。當時我會學習天使靈氣，只是因為一個簡單的理由：喜歡天使。在接觸天使靈氣之前，我從天使牌卡及靈性書籍中認識「天使」，已經有一段時間了。透過對天使牌卡的解讀，我很清楚地感受到天使對於詢問的事情都給予滿滿的支持與祝福，讓我深深感受到天使的臨在。記得第一次看到「英國天使靈氣」工作坊的介紹時，我還沒搞懂上課的內容就被它深深吸引了，當時文宣內容吸引我的一句話，就是「與天使合作一起工作」，至於「天使靈氣」具有什麼樣的療癒功能，在第一時間是被我忽略的，因為我相信天使、信任天使，我知道與天使一起工作時，只要把自己交託給祂們就好了，所以我起初對「療癒」這兩個字沒有太多的了解，但在學習天使靈氣後，天使教會了我什麼是「療癒」。

在我第一次上「天使靈氣」工作坊時，感受到天使真的來到工作坊中，因為整個空間非常溫暖，充滿了被愛的感覺，讓人覺得很有安全感。記得在天使靈氣的課堂上，老師正在帶領我們冥想，我無預警地看到一個畫面，像是一小段影片，有動作、有歌聲，那是一個在亞特蘭提斯時代的畫面，突如其來的這一幕讓我淚如雨下無法自已，我並不知道自己在難過什麼、為什麼要掉淚，但我的心好痛好痛……除了心痛之外，還夾雜著很深的悲傷情緒。之後，我知道這一小段畫面原來是我在亞特蘭提斯時代即將被大水淹沒前，帶領著即將亡國的人民一起唱誦詩歌的畫面。

課程結束後的那幾天，每次我一想起這個畫面，下一秒眼淚就像水珠一樣大顆大顆的落下，雖然我知道自己為何難過、為何而哭，但在靈魂深處的那種悲傷，不會因為這一世的我「知道」事情的緣由而消滅半分。天使透過這個畫面讓我知道，這是前世記憶中需要被療癒的區塊。

雖然我看到這個畫面時，並非在同學們互做療癒練習的時刻，但在天使靈氣工作坊的期間裡，天使王國及光的大師、神聖存有們，早已臨在整個天使靈氣工作坊中，開始療癒著每一個人。在這次深刻的體驗中，讓我更信任天使，也開始為自己傳送天使靈氣來療癒自己。在經過一次次的「自我療癒」後，有一天我驚訝地發現，當我再次想起這個畫面時，已經不再掉淚，情緒也平穩了，只是心裡還有一點點哀傷的情緒。天使藉由「天使靈氣」，讓我學到、體驗到什麼叫做「療癒」，也讓我體驗到療癒前後的差別，雖然「療癒」需要時間，越深的傷痛所需要的療癒時間就越久，但只要我們信任天使，一定能看到前後的差異。

每一次我在傳送天使靈氣為他人療癒時，總是能清楚感受到天使的能量加入我們的能量場中，天使也清楚地讓我感受到什麼是無條件之愛，那種被天使能量包圍的感覺，就像是被媽媽溫暖的雙手環抱著，那樣輕柔、那樣溫暖，彷彿你什麼都不用說，只是躺進祂懷中吸取這份愛與溫暖，你所受的委屈、創傷、挫折、困境、無助、恐懼、哀傷、無奈……，這一切都會在天使靈氣無條件之愛的能量環繞下，被釋放、被融化，因為對於所有的一切，你不必開口說，天使都知道、天使都明瞭。

天使靈氣的能量除了使人感受到溫暖與愛之外，也會融化你疲憊的心，讓人卸下心防、放鬆、有安全感、覺得被愛。這些被釋放的負能量，會由天使將它們轉化成愛。在天使靈氣的環繞下，那些過去或累世靈魂所受的負面情緒或身體能量的阻塞，都會在這無條件之愛中慢慢被釋放、減緩與解開，而這就是「療癒」。

天使靈氣療癒過程中，療癒的是「因」而不是「果」，天使靈氣是從

「起因」，也是「根本」，去做療癒，療癒那些導致身體不舒服的源頭，因為當「根本」被療癒了，所產生的「結果」就會改善或消失。

靈氣的療癒系統非常多，讓我喜歡上天使靈氣的理由是：「簡單不複雜」。在天使靈氣療癒的過程中，只要專注於靈氣的傳送上，不需要去分析被療癒者的狀況需給予什麼樣的靈氣符號，只要信任天使、一切交託給天使王國，天使靈氣將可協助被療癒者得到最完美的療癒。

英國天使靈氣在眾多療癒系統中，從建立至今十七年，已經遍及世界許多國家，為越來越多人所熟知、學習。我身為天使靈氣的老師，每每從帶領工作坊的過程中，感受到天使無微不至地看顧每一位參與者，甚至有許多人受惠於天使靈氣而讓自己的生活越來越有希望、更有勇氣去面對一切挑戰，也有許多人從天使靈氣的療癒中走出悲傷，迎向光明的未來。這些感動促使我想把天使靈氣介紹給更多人認識，讓這無條件之愛的天使靈氣能夠療癒更多人。

01 靈氣

剛接觸能量療法的人一定常聽到「靈氣」這兩個字，但很多人根據字面上的字義產生了一些疑問，例如：靈氣是跟「靈魂」有關嗎？靈氣是不是就是「氣功」？靈氣的「氣」是從哪裡來的、安全嗎？

我常碰到一些人對於「靈氣」這兩個字有許多誤解，因為「天使靈氣」也是眾多「靈氣」系統之一，所以在介紹天使靈氣之前，就先來好好認識一下「靈氣」是什麼。

何謂「靈氣」？

中文的「靈氣」（Reiki）是由日文漢字「霊気」而來，而日語「霊気」的唸法即是Reiki，日文「霊気」的意思就是「宇宙生命能量」，所以「靈氣」就是一種存在於宇宙間的無限療癒能量，用宇宙能量來治療人的一種療法。

靈氣療法是一種自然療癒法，也是能量療法，很多人會以為「靈氣」與「氣功」是一樣的，其實靈氣與中國講的「氣」或「氣功」在本質上有很大的不同。「氣功」是透過練功者主觀努力，來對自己的身心進行鍛鍊、調整，提升身體的生理機能，以達到健身的目的，而靈氣是透過雙手將神聖的療癒能量傳送至他人的身體，使其身體恢復平衡。

靈氣的療癒源自於亞特蘭提斯時代的原始療癒系統，亞特蘭提斯時代的文明在接觸神聖智慧方面比現在更高，他們運用符號的振動頻率來接觸神聖能量，但後來因為亞特蘭提斯頻率降低，使得亞特蘭提斯祭司們所使用的深奧手法，都與神聖原型斷開連結，這些療癒方法的純潔性因此喪失。當亞特蘭提斯滅亡時，一批保存智慧和知識的族人將它保留下來，並存放在西藏，成為當地人醫療系統的一部分。

一九二二年，日本基督教教士臼井甕男在日本鞍馬山上斷食閉關二十一天後，感知到靈氣的存在，也看到了一些亞特蘭提斯時代留下來的符號，並將它整理好後開始對外傳授。臼井並不是靈氣的「創造」者，只是一個發現亞特蘭提斯時代所留符號的「發現者」及「運用者」。第二次世界大戰後，人類的意識大幅提升，使得意識擴展，從這時候開始，所有靈氣系統都將原有傳統的靈氣符號加以擴展，並在更高意識下賦予了這些符號更高的新振動頻率。

02 天使靈氣

「天使靈氣」這套源自於大天使麥達昶所傳承下來的能量療法，就是讓我們成為神性之手的管道與指引。

什麼是「天使靈氣」？

天使靈氣是無條件之愛，是神履行邀請我們「回家」的行動。天使靈氣是天使療法的一種，也是人與天使合作的一種能量療癒方式。天使是神性的延伸，而天使靈氣是藉由與天使、天使王國合作的經驗中，去感受天使的存在與力量，透過天使靈氣無條件之愛，讓我們重新認識神性的自我。

在天使靈氣的系統中，雖然使用了與其他靈氣體系（臼井與香巴拉靈氣（Shamballa Reiki））相同的符號，但有一個特別的品質被加入天使靈氣當中，那就是「神性的振動」，這神性的振動伴隨著靈氣符號而進入，使療癒師與被療癒者（以下有時稱接收者）以及他們的靈魂能量相校準，這天使級的振動就是讓一切變為可能的要素，也是神性的一種擴展。

03 英國天使靈氣的起源

「天使靈氣」這套天使級的療癒體系，是在二〇〇二年十月至二〇〇三年二月期間，由大天使麥達昶傳遞給英國的凱文・柯瑞（Kevin Core）。凱文是一位直覺療癒師，他的終生指導師是揚昇大師迪瓦庫（Djwhal Khul），是擁有愛與智慧的「第二道光」療癒之光的掌管者之一。

在這段傳遞期間，凱文接收到許多來自不同地方的訊息與指導，同時，他在揚昇大師迪瓦庫的引導下，在圖書館閱讀了許多艱澀難懂的天使相關書籍，他的朋友也在此時受到指引，來給予他關於臼井和香巴拉靈氣大師方面的指導（雖然凱文已經是一位經驗豐富的直覺療癒師，不需要這些技巧）。

凱文不知道為什麼會發生這些事，但在他結合了這兩種靈氣的精華後，隨即被給予了天使靈氣體系，並與他的妻子克莉絲汀‧柯瑞（Christine Core）共同創建天使靈氣系統，並因創建於英國而被稱為「英國天使靈氣」。這套系統是在大天使麥達昶與揚昇大師狄瓦庫的指導下完成，再加上凱文對靈性原則及古老學說所擁有的龐大知識，編撰了這套獨特又富深意的療癒體系，名為「天使靈氣」。大天使麥達昶說：「天使靈氣主要是針對光工作者的。」主要是來支持我們踏上自身的個人旅程。

凱文於二〇〇九年八月過世，離開這個化身後，現在已成為大天使約菲爾（Yophiel）的一個面向，重返他的本質。現在，他協助參與天使靈氣工作坊的人，並且邀請工作坊中的參與者隨時呼喚他的臨在。目前，「天使靈氣」由他的妻子克莉絲汀繼續致力天使靈氣的推廣及發展。

04 天使靈氣工作坊的進程

天使靈氣工作坊課程針對的對象，不限於想要成為專門職業能量療癒師的人，如果個人或家人、朋友、寵物等，身心靈狀態需要做療癒，或想要學習能量療法用於目前的工作上，皆是天使靈氣工作坊邀請的對象。

不過，在工作坊四個不同階段中，隨著不同的進程，在學習的技巧、提升自己的靈性管道、品質上，皆有顯著的不同。越高階的課程除了加入不同的療癒方式外，更多的是藉由更高階課程的清理、點化與冥想，提升自我的靈性感受力及品質，以及暸解更多天使靈氣的意義與內涵。

天使靈氣工作坊中，進行程序有分先後次序，每一個步驟都有其作用且環環相扣，缺一不可，這些重要的進程如下：

奉獻（供奉）空間▼清理與點化▼天使靈氣療癒練習▼三十位天使祝福與點化

以下，將為這些天使靈氣重要步驟做詳細的說明：

1 奉獻（供奉）空間

天使靈氣極為重要且不可或缺的部分，就是在工作坊或療癒工作之前，需要進行「奉獻空間」（Dedicating the Space）這個首要步驟。「奉獻空間」也是天使靈氣的基礎，這是在內心創造出一種充滿恩典與力量的感覺。

天使靈氣的「奉獻空間」，意味著奉獻出一個空間後，那些不能與天使王國高頻率共振的能量，都無法存在於此，這代表著沒有任何負面、低頻能量可以存在於這個空間。

「奉獻空間」涵蓋了許多高頻的能量，如：白光大師瑟若皮斯．貝（Serapis Bey）、上主默基瑟德（Melchizedek）、MAHATMA能量（地球所能接受最高頻的能量）、揚昇大師迪瓦庫、紫色光的大師聖哲曼（St. Germain）、大天使麥可（Michael）及其天使聖團等能量。所以，天使靈氣在「奉獻空間」的同時，也為這整個空間進行清理與淨化，而那些在工作坊期間被釋放出來的所有負面與失衡的能量，都會被天使王國清理淨化，進而將這些負能量轉化為愛，這代表整個工作坊期間都在天使的振動頻率中進行。而在天使靈氣療癒工作時，天使會安全地轉化所有負面能量為正面的、充滿愛的能量，為療癒工作創造一個受保護且安全的空間。

因此，不論是在工作坊中或是為他人做天使靈氣療癒，都是極為「安全」的，療癒師不需擔心是否因為替對方做療癒而受到被療癒者的負面能量、病氣、業力等影響，被療癒者也無須擔憂療癒師自身的能量狀態，因為在進行療癒期間，療癒師及被療癒者所釋放出的負面能量，都因為「奉獻空間」而被天使轉化為愛，使得療癒師與被療癒者之間的能量不會相互影響或干擾。

我經常在不同地方承租場地開工作坊，每一個場地或多或少都會有前使用者所留下來的療癒能量或其他殘留能量，所以每一次在工作坊開始之前，我都會習慣先「奉獻空間」，將這些殘餘能量做一個清理與淨化。這個方法既快速又徹底，因它不僅是清理、淨化效果強，同時具有保護、轉化的功能，對空間裡的地板、牆壁、擺設等，全都做了徹底的清理淨化，加上有大天使麥可所架設的金色防護罩，能將空間內所有的負面能量轉化為正面能量，使得在空間的所有人都可以安住當下而不受能量的干擾，非常適合在任何工作坊開始之前做為淨化的步驟。

「奉獻空間」並非只能用於療癒工作，在日常生活中，也可以將自己的一天奉獻給一個特定的目的，這將會支持這個目的更順利地完成實現。

「奉獻空間」是靈性的智慧，也是一種「意圖」，而「意圖」本身就具有能量，是可以讓事情發生的能量，而宇宙會精準地回應我們的意圖。天使靈氣的「奉獻空間」是慈悲且包容的，所有負面能量皆以「轉化」而非「抵抗」或「消滅」的方式，讓它們成為正面有愛的能量，這意味著天使靈氣是無條件之愛，不對抗任何能量，而是包容一切並與之合而為一。

2 清理與點化

「點化」是在靈氣系統中相當重要的過程，因為那是一種啟動療癒師能量管道的必要步驟。許多人會對點化產生疑惑，以為點化就是一種類似加持的方式，想知道該由「誰」來點化、點化者的能量是否會影響到點化的品質等。每個靈氣系統都有自己的點化方式與傳承，以下就針對天使靈氣的清理淨化及點化做說明：

清理淨化（Cleansings）

「清理淨化」是天使靈氣工作坊的一部分，這是為了點化所做的先前準備，分別由天使王國在肉體、情緒體、心智體、靈性體四個體系上，進行三重網格的清理，是一個在「點化」前必要的步驟。

1 清除業力

「清理淨化」的過程中，大天使麥可會為我們切斷今生不再重要且不再相關的業力連結，並且在每個人的肉體、情緒體、心智體、靈性體等層面上做深度的清理，將過去世曾經誤用或濫用的靈性天賦，以及那些不和諧的能量做清理。

天使靈氣清理淨化過程中所講的業力，並非是懲罰或是報應，僅是「因」與「果」。但要切斷這些業力，並不是透過幾次的「清理」，就可以完全將所有業力斷開，因為每個人在地球上經過無數次的轉世與投胎，累生累世有許多業力相隨，無法透過一次或兩次的「清理淨化」就徹底切斷，但透過一次次的清理淨化，天使們會為我們切斷那些在這一世不再重要、不再相關的業力連結，讓我們更容易去完成接下來的「點化」過程，成為天使靈氣的管道。

在「清理淨化」的過程中，有些人會出現身體不舒服的現象，這是因為那些與當下生活不再相關的業力連結，已經待在我們身上很久，久到與我們共存。當強大的清理淨化能量進到身體時，由於這些業力已經習慣依附在我們身上，並不希望離開，因此在這能量的拉扯下，會造成身體不舒服的狀況。不過這種現象是暫時的，通常在「清理淨化」結束後，不舒服的狀態就會慢慢減緩並消失。

有時候在清理淨化的過程中，參與者（也就是被清理淨化的人）如果帶著「執念」，也會讓身體產生不舒服的感覺。我曾經在進行天使靈氣一階清理淨化時，有位學員感受到身上有些「東西」將要被帶走，雖然他不知道這將被帶走的「東西」是什麼，理智上也知道應該讓它離開，但情感上卻感到「不捨」，不願意放它走，這拉扯的能量在整個清理淨化的期間一直持續，而在結束後，他的身體不適感持續了幾分鐘。

在一階的清理點化過程中，該離開的業力因為他心念上的不捨而未被清理。但在隔天第二階的清理時，這位學員非常清楚且堅定的知道需要讓「它」離開了，所以他放下不捨的感覺之後，很清楚地感受到「它」被能量清理淨化掉了。而這次的清理讓他的身體覺得非常舒服，也感到自己的能量輕盈很多，有種如釋重負的感覺。

有一些人在清理期間，那些曾經情感受傷、情緒悲痛、吵架、童年回憶等過往不愉快記憶的畫面，會浮出腦海，而這些都會透過清理淨化而逐漸被釋放掉。

2 實體釋放

天使靈氣在二階與四階的清理淨化過程中，加入了「實體釋放」的部分，這是團體的每位成員藉由大聲發出一個連續的單音，讓這聲音去震動身體內的每個細胞、每個分子、每個原子，並且讓每位成員確認自己希望去除的所有依附物。

此處的「實體」，是指魔鬼、黑暗力量、不好的外星族類等非百分之百純光的實體，透過清理淨化去終止及解除成員與前述這些實體曾締結的協議和契約，例如：過去世曾與這些黑暗實體所訂下的「獨身」、「守貧」等契約，就必須透過清理淨化，將這些合約終止與解除，使今生不再受到這些協議內容的制約。這是非常重要的清理過程。

曾經有位個案每次只要一談戀愛，就會變得非常猜忌，總是在交往不久後，腦海就會浮現「男人都是不忠誠」的聲音，即使對方並未做出任何對不起她的事，她還是會強烈猜疑，一直到雙方都受不了而結束這段感情為止。她不解的是，在自己的生活周遭，包括感情經歷，從來沒有被背叛的經驗，為什麼總是會有這聲音出現。後來，透過天使靈氣的療癒，才發現她過去中連續三世都被先生背叛，這種痛楚讓她在萬念俱灰下找了一位暗黑的術士，為她訂下生生世世「獨身」的契約，來保護未來的自己。那一世的她，誓言未來轉世不再談感情、不再進入婚姻。

今生的我們，無法知道自己在轉世過程中與這些黑暗力量簽了哪些合約，但透過天使靈氣的清理淨化，以及個人希望終止這些合約的強烈意念，會讓那些對今生已不再適合的合約在每一次的清理淨化中被解除。

3 呼喚靈魂碎片，展現完整的神性力量

清理淨化的過程中，會呼喚我們自身所有部分、所有分離的實相，以及因為缺乏自愛而分離的部分，在清理淨化的時刻返回，讓自己成為完

整的神性。因為現在的我們只是靈魂的一部分，還有其他十一個部分散落在其他地方，而這些散落的部分就是我們常聽到的「靈魂碎片」、「靈魂家人」＊。在天使靈氣的清理淨化中，我們將會召喚自身的靈魂碎片回歸，這樣靈魂才是完整的，才可以展現出完整的神性力量。

（＊靈魂家人：神為了體驗祂的存在，創造了十二個宇宙，從自身的能量中發送出無數的火光，而這些火光就是「神的單子體」。每個單子體都具有特殊的使命，而且為了實現使命，必須體驗與成長，所以每個單子體又分出十二個靈魂，這些就是我們的靈魂或高我。這十二個靈魂為了擴展自己的體驗，又送出十二個延伸體，但這延伸體為了要體驗稠密的物質世界，於是讓自己的振動頻率降低，卻使得這些延伸體遺忘了它們的本源——神，而你就是這些靈魂延伸體的其中之一。例如：你靈魂的某一個面向可能存在於土星上，另一個面向位於金星，整體能量中的某部分可能回到靈魂中休息，或停留在轉世輪迴之間，但你們全體（十二個延伸體）能在超心靈層次上連結在一起。因此，你擁有十一個親密連結的兄弟姊妹，散布在銀河系的某些地方，同時連同你在內，總共有一百四十四個靈魂的延伸出自於同一個單子體。以上說明參考自黛安娜・庫柏的《新世紀揚昇之光》。）

4 與亞特蘭提斯療癒水晶重新連結

在清理淨化的過程中，會回到亞特蘭提斯時代，與亞特蘭提斯的水晶重新連結。在亞特蘭提斯的黃金時期，振動頻率非常高，人們具有高度的智慧、心靈能力與科技發展，也藉由保持自身純粹的高頻振動來運用水晶，高度進化的亞特蘭提斯人做每一件事情幾乎都會運用到水晶，水晶除了具有傳遞、療癒、保護的功能外，在尖端科技上也被充分運用。每一個水晶都有不同的振動頻率及儲存訊息的功能，而在亞特蘭提斯黃金時代已經可以將不同的水晶融合使用，以協助個人的需求及頻率提升。在淨化過程中，藉由連結不同的亞特蘭提斯的水晶，去體驗這些水晶的品質，例如：將我們身體上有疾病的地方或是振動失調處加以平衡調整、幫助療癒情緒或是使精神的問題上得到改善，以及提供自身能量上的強力防護……等。

點化（Attunement）

「清理淨化」過程後，接著就是「點化」。靈氣體系中「點化」，也被稱為「調諧」，意思就是「調頻」、「對準」。因為靈氣所使用的能量都具有較高的頻率，在同頻共振的原理下，頻率相差太大是無法共同合作來進行療癒的，為了要讓療癒師能接引高頻能量，需要啟動療癒師的能量管道，並提高管道的品質。以天使靈氣為例，即是將每個療癒師的頻率與天使頻率調頻對準，天使會將符號置入錨定在療癒師的脈輪中，當療癒師想要與天使合作時，這些符號便會開始作用。這些符號是透過大天使麥達昶及首席天使王子薩瑞姆（Sarim），將它們啟動至天使層次的頻率，療癒師們也被給予了天使之鑰，因而可以啟動眾多靈氣符號，可讓療癒師們在不同的形態層次上體驗它們。

點化過程的最後，是由上主默基瑟德將療癒師接收的所有符號，啟動至星際層次及宇宙層次，讓療癒師的頻率與其振動頻率相調頻、校準。由於天使靈氣結合了臼井靈氣與香巴拉靈氣的精髓，在點化期間，除了置入這兩種靈氣系統的靈氣符號外，天使王國也會將更多不為我們所知的符號注入點化期間，以提高我們的振動頻率。

點化時，由於身體振動頻率提升，身體會更為輕盈，這有利於與接引的能量融合，提升自身通道的品質。透過成為天使靈氣能量的管道，將使療癒師的意識與神融合，當人的意識與神性意識相互融合，就是我們所謂的揚昇（Ascension）。

天使靈氣的符號是意識之門，可以在時間和空間中延伸，所以，透過打開這些意識之門，天使王國將會引導療癒師穿越時空，去療癒他們在累生累世的轉世過程中所受到的創傷記憶。

天使靈氣是透過神聖原型的能量符號，將人體氣場上的七個身體（包含乙太體、情緒體、心智體、乙太體板模體、天人體、因果體）調和為原始神聖的振動頻率。為了使這些點化的符號以純淨的形式傳遞給參與者，在點化時是用聲音和符號將參與者調回到接近神聖完美的狀態。天使靈氣的教師在點化期間的職責，就是開啟一個能量漩渦的空間，使天使王國在每個參與者的周圍傳送祂們的能量，並將這些符號錨定在每個人的脈輪中。因此，點化的符號都是在神聖的震動下被給出的，從被給予符號的那一刻起，這些符號就會影響每個被點化之人的意識，提升其管道品質，成為一個通透的管道。靈氣符號具有神聖完美的圖案，因此當靈氣符號印在我們的意識中時，就會將我們的意識、想法、頻率、DNA等重新配置為最接近神創造人時最原始振動頻率及完美的模樣，這就是點化的工作方式。

1 天使靈氣的點化由「天使王國」完成

天使靈氣與其他靈氣系統在點化時有顯著的差別，因為在天使靈氣中，教師是不做點化的，點化時的能量並非來自於教師，而是由「光之天使王國」完成。符號的點化是由負責專門點化的天使將符號給予每個人，因此符號的振動頻率及其能量不會受到教師的影響，而是以最純淨的狀態被給予。因為能量可以通過一個人的意識來傳播，若由「人」進行點化，則點化會通過這個人的意識而來，點化的品質就會受到該人意識的影響。

教師在天使靈氣點化期間的功能，只是在創造一個與天使王國連結的空間，讓天使和參與者在能量上融合，參與者無需經由人為干預介入，就能獲得符號和能量的純淨振動，如此一來，能量就不會被人類意識所污染，而這些符號透過神聖的幾何體整合在一起，並透過天使靈氣的點化改變了參與者的每個細胞、分子、原子和意識，進而將參與者的能量調整為天使頻率。

2 三十位天使的祝福與點化

天使靈氣還有一個重要的特別點化有別於其他靈氣體系，也就是包含了對天使王國的智慧與神聖禮物的點化，是由三十位大天使所給予的。這個點化是透過冥想而完成的，點化期間，天使將參與者帶到天使階層的「光之聖殿」，將參與者引領進入天使王國的振動頻率中，再由三十位大天使分別給予每位參與者關於祂們自身品質的賜福與點化。

3 卡巴拉生命之樹十位天使的點化

這個點化是在天使靈氣工作坊最後一階段「天使靈氣師父階」時，透過冥想而完成的。這是帶領每一位參與者去感知生命之樹十位大天使所代表光的顏色及能量，讓參與者吸入每一道光的顏色，感受這十位大天使的品質，進而成為這十位大天使的震動。

4 天使靈氣不能透過遠距點化／遠距教學／一對一點化

「天使靈氣」的學習是需要現場參與工作坊，無法透過「遠程教學」如：線上教學、遠距點化、線上直播等方式進行，也無法藉由「一對一教學」來獲得天使靈氣全部的能量。

這是因為當人們聚集在一起時，會產生一個集體能量，此能量會使我們的光體、意識、DNA和分子產生變化，而點化是一個持續性的過程，將貫穿整個課程期間。天使靈氣療癒師的訓練過程需要實務操作與體驗，只有親身經歷這些過程，才能充分感受及運用天使靈氣，並獲得天使靈氣全部的能量。

關於天使靈氣的符號

在天使靈氣點化期間，靈氣的符號由大天使麥達昶透過七個形態層次及七個神性型態層次，被啟動到天使級層次。在點化期間，那些我們已知及未知的靈氣符號，會充滿在參與者的能量場中，然而要解釋所有靈氣符號的能量與含義，實際上是不可能的，因為符號具有多維度和全息的性質，其能量在每個狀態上都會產生共振。

靈氣符號有十二個維度，每個維度都有十二個子維度或子平面，以此類推，每個符號都具有次原子面向、分子面向、基因面向、數學面向、音樂面向、超物理面向和超光速面向，這是我們有意識的頭腦沒辦法理解的部分，只能靠感受及直覺去了解它們、體驗它們。

這些靈氣符號是在亞特蘭提斯時期所傳下來的，是神聖的特殊禮物，可以使意識快速變化，讓我們與神性存在（較高面向或高我）相連結。靈氣符號是意識的原型，當這些靈氣符號與「光之天使王國」一起使用時，它們就具有天使的品質，因此可讓我們能適應天使的振動頻率。能擁有天使的品質及振動頻率，是神賜予我們的禮物，而我們透過靈氣符號得到了這個禮物，它可以幫助我們與神完美的愛重新連結。

對於天使靈氣療癒師來說，不需要去記住或畫出這些靈氣符號，只要瀏覽這些靈氣符號，它們就會被錨定在療癒師的意識中。療癒師也不需將這些靈氣符號帶入療癒期間，因為天使們會帶入每次療癒所需要的符號及能量。如果是療癒師個人將這些符號帶入，那是療癒師自己的意志，並不是來自神聖的意志，而這樣的療癒就不能稱作是天使靈氣了。

3

天使靈氣的療癒方法

在生活中，我們常會聽到「療癒」兩個字。舉凡看到可愛的動物、可愛的玩偶、肥肥胖胖的多肉植物等，都會讓人覺得好「療癒」，所以市場上開啟了療癒小物的商機。在跟身心靈有關的書籍或課程裡，「療癒」這兩個字更是經常被使用，甚至許多身心靈課程的主要目的就是「療癒」，那「療癒」又是什麼呢？根據《教育部國語辭典》的解釋，「療」有醫治、解除的意思，「癒」是有病體康復之意。而日文「癒しい」代表的意義包含了心靈的慰藉，由此可知，療癒不只有身體上的康復、恢復健康的意涵，還包括了心靈上的復原。療癒的方法有很多種，療癒不是治癒的過程，而是邀請你知道自己是神性的一部分。

與天使合作的天使靈氣療癒

「天使靈氣」是天使療法，也是一種能量療法，療癒師透過傳送天使靈氣，與天使王國、揚昇大師及宇宙靈性階層一同合作進行療癒。療癒師被訓練為一個可以乘載神聖能量的管道，這代表著療癒師與天使的意識能量合而為一，療癒師也能進而提升自己。

在天使靈氣療癒中與療癒師合作的天使，並非指某位天使，而是天使的「原型」，儘管其中有些天使在醫療或療癒方面有其專長，但在天使靈氣的療癒過程中，不會特別召喚祂們，療癒師只是呼請「最完美的天使」一臨在，因為在奉獻空間下，所有的一切都交託給天使王國。此時，天使王國會根據被療癒者的身心靈狀態，給予最完美的能量，而「最完美的天使」可能是一位或多位天使組合的能量，是當下最適合接收者的最完美療癒。

不將天使擬人化

天使靈氣中，天使所扮演的角色是人與神之間的橋樑，我們不會將天使擬人化，例如：天使是具有翅膀的生命體；大天使麥可身形魁武，具有強壯健美的體格等。如果我們認為呼請了某位天使，祂只為我們獨立服務，這就是人的思維，這樣的想法局限了具有無限潛力的神性。在天使靈氣中所提到的「天使」和「大天使」，都是將祂們視為天使的「原型」，也就是一種能量的品質，而非單指一個個體。所以當你召喚天使時，即使在同一時間有很多人一起召喚同一位天使，是絕對可行的，在能量上不會因此有任何的影響或限制。只要你有需求，隨時可以使用天使的能量。

「看到」不是那麼重要

在天使靈氣的訓練過程中，會透過「感受體冥想（讓你辨別出你的感受、意識與肉體是相關聯的）」的方式，讓參與者去體驗空間的開啟，這個訓練有助於參與者更能感知道天使的臨在。很多人覺得他們無法藉由靈視力「看到」，所以要是藉由冥想讓他們去意識到，那麼他們需要做的就只是去「感受」就好，透過感受體去感知光之天使王國，讓他們對天使的本質有更擴展的體驗。連結天使最有力的方式，是在傳送天使靈氣過程中，把自己當成是這位最完美的天使，去實際感受這股完美的能量。

此外，「痲瓜」也可以學習天使靈氣。有不少學習天使靈氣的學員會擔心自己是「痲瓜」看不到，還能上天使靈氣課程嗎？不過，天使靈氣不是「通靈」訓練課程，不會因為上了天使靈氣的課程就讓你成為「通靈」者。在學習過程中，透過清理淨化、點化、成為天使靈氣管道，以及不同的冥想練習，的確會提高參與者的覺知力、感受力，使其對能量、環境更為敏銳。但每個人與生俱來的天賦就不一樣，有的人是感知力強，有的人是聽覺型，有人是視覺型，每一種特質都是神給你最好的安排且最適合你的，而且天使靈氣療癒過程中也強調，能否看到不是這麼重要，只要專注在傳送的過程，即是最完美的療癒，因為真正的療癒師是天使，不是我們。

傳送天使靈氣，療癒師及被療癒者同時受惠

天使靈氣療癒的過程中，天使靈氣能量是通過療癒師傳送給被療癒者，所以此療癒的能量在傳送的過程中，除了療癒被療癒者外，傳送天使靈氣的療癒師也同時受惠，所以療癒師不會因為幫人傳送天使靈氣療癒而有能量上的損耗，有時候為別人做療癒之後，精神能量反而會更好，這是因為天使靈氣的能量同時滋養了療癒師及被療癒者。

天使靈氣療癒的對象

天使靈氣是一種具包容性的療癒方法，它涵蓋了身體（身）、心理（心）、精神（靈）等各個層面，除了對「人」傳送天使靈氣外，療癒的層面也涵蓋了過去、現在、未來的人、事、時、地、物。所以，在天使靈氣療癒中，可以針對過去世做療癒，將被療癒者在這地球的所有轉世之門、時空之門都打開，回到那個最需要被療癒的時空。

孕婦：如果被療癒者是孕婦，按照正常的方式給予療癒即可。孕婦通常忌諱比較多，但天使靈氣的療癒能量對孕婦是安全的。曾有一位懷孕的漂亮媽媽來上課，那時距離她的預產期不到兩個星期，報名時，她覺得如果可以順利來上課，代表肚子裡的寶寶也要來聽課。課程中，美麗的媽媽跟所有學員一樣互做療癒練習，寶寶也安穩地在媽媽的肚子裡一起上課，課後約一個多星期，這位天使靈氣寶寶順利平安地誕生了，實務上證實了天使靈氣對孕婦是安全的。

動物、植物：對於任何動物、植物，不論形體大小、所處的環境，皆可傳送天使靈氣為其療癒。有學員家中養貓咪，每次她在自我療癒的時候，家中的貓咪就會主動靠過來在她身旁睡覺，她也會為貓咪做天使靈氣療癒。她發現，自從幫貓咪療癒後，貓咪胃腸不好的狀況有很明顯的改善，情緒也穩定很多。

水晶等各類物品：水晶、汽車、卡片、食物、花精、蠟燭、卡片等，都可以為它們傳送天使靈氣，將這些物品的頻率調至天使層次的振動頻率。

過世的人、動物：在靈魂層面上，天使靈氣無條件的愛會給予靈魂很大的祝福及滋養，所以對於過世的人或動物傳送天使靈氣，也是很有幫助的。

4 誰適合學習天使靈氣

任何人都可以學習天使靈氣，不論身體健康與否，或是自認為是「麻瓜」，沒有任何感知力，都可以來學習天使靈氣。有許多人會詢問上天使靈氣工作坊是否需要「茹素」。在天使靈氣工作坊之前，沒有任何有關飲食或生活方式的建議，所以要茹素或葷食都可以自由選擇。

使用天使靈氣療癒並不是少數擁有天賦者的特殊經歷。成為天使靈氣管道及療癒師，是每個人都能做到的。身為一個天使靈氣療癒師，不代表療癒師本身必須完美無缺並且解決了自身所有的問題。成為天使靈氣療癒師只是意味著，當我們以無條件的愛來擁抱自己，並以同理心去擁抱我們所感知到的所有缺點和問題時，自然而然就會用愛與同理心去擁抱其他人。

認識天使

01 何謂天使？

天使靈氣：天使是個人與神之間的橋樑，我們不會將天使擬人化，亦不會將具有人類品質的項目以及具有翅膀的生命帶入天使中。

「天使」一詞源自於希臘語，意為「神的使者」。

天使本來是指上天的使者，許多宗教中也有類似天使的概念，在基督教中則把天使轉變成是由上帝所創造，是上帝的僕人，負責向人類傳達上帝的旨意、守衛天堂、保護信徒，以及完成上帝交付給祂們的其他種種任務。早期教會對天使是否屬於基督教的教義之一，產生過激烈的爭論。對於天使的描述，可以在基督教的新舊約聖經、卡巴拉教義的著作、猶太神祕主義和《古蘭經》中找到。

天使的數量是數之不盡的。今天有許多人正在與天使連結，有許多人感受到天使，或是運用天使的能量，但是也有許多人沒看過天使或是沒體驗過與天使接觸的經驗，但不管你屬於哪一種，都不影響我們與天使的接觸，因為在我們的生活中，已經在跟天使接觸了。

圖像與符號是用來傳遞各種資訊很有效的方法，我們使用圖像來代表某種無法以其他方式理解的事物，也用來代表人類無法完全理解的靈性概念。最古老的代表靈性的符號之一就是羽毛，它是許多文化中最持久的精神象徵之一，美洲印第安人在儀式禮服上使用羽毛，並用鷹的形象來代表靈性的智慧。大約一萬年前的古埃及，最早將翅膀使用在人類形體上的圖像以代表靈性概念的，就是女神馬特（Maat）。所有埃及的神或女神，都被稱為「奈特魯」（Neteru），而且代表著主要的原型或原則。其中，女神馬特被描繪成苗條的女人，當她的翅膀張開後，長度至少跟她一樣高。馬特的頭上戴有一根羽毛，但她不是唯一一個描繪中有羽毛或翅膀的埃及奈特魯，但她是與天使的歷史相關性最強的一位。

在新時代運動中，我們只是簡單地闡述了天使的基督教形象，但這樣的天使圖像源自於對天使真正本質的知識缺乏。天使真正本質是亞特蘭提斯人智慧的一部分，該智慧已經被傳承到古埃及的偉大文明中，因此，要真正理解我們用來代表天使的圖像和符號背後的真相，我們需要回過頭來找出古埃及人透過女神馬特所代表的東西。

女神馬特象徵宇宙法則。什麼是宇宙法則呢？它是神造物時的法則或原始雛型，也是神聖造物主用來創造一切的規則或設計。每一種事物都必須來自於造物基本原則，也就是「三」，它在所有哲學中都有其象徵的意義，例如：三位一體：聖父、聖子和聖靈，愛希斯（Isis）、奧西里斯（Osiris）和荷魯斯，以及濕婆（Shiva）、毗濕奴（Vishnu）和梵天（Brahma）。從某種意義上說，宇宙法則是非常簡單的，創造宇宙法則的三個主要數字是3、7和12，像是創世的七天、十二星座等。

因此，如果羽翼圖像的真正含義是宇宙的創造法則，那麼天使就是數字和形狀的創造能量法則的一種代表。最高位的天使長，一直被公認為是大天使麥達昶。已知的最簡單的幾何形狀是球體，宇宙中一切創造物都是以球體為基礎，地球是圓的、我們繞著太陽公轉、我們生活歷經無數的循環、我們的DNA是螺旋形的，一切都是環形的能量。如果我們畫一個圓、再畫三個圓，之後畫七個圓、再畫十三個圓，我們最終會得到所謂的麥達昶立方體（Metatron's Cube）。現在，許多天使圖片都包含幾何形狀，尤其是大天使麥達昶，這是天使實際上是什麼的真實展現，而不是帶有翅膀的人形照片。

有些人可以看到天使形象，這是非常美好的體驗，但不一定需要看到天使的形象或與天使有特殊的接觸，才能與天使做連結。因為在我們的生活中，一直存在著與天使王國緊密的聯繫，「看見」也只是一種神性的設計，讓你去連結到造物法則的其中一種方式罷了。

02
天使靈氣將天使視為原型

理解天使本質的最準確方法，是將其視為原型。原型的定義是：「是首創的模型，成為相同類型其他事物的模型或模式」。天使是神聖創造的模式，一切都是由「上帝」所創造的。

當任何人都想要使用或同時使用天使的能量時，天使的能量會被用盡嗎？天使會不會分身乏術？我們可以用球體來說明天使原型的概念，就可以知道，天使的能量永遠都不會耗盡，而且任何人都可以使用它。

在天使靈氣中，所有「天使」和「大天使」都是原型，並且絕對可被任何人使用，對每一個需要天使能量協助的人都沒有限制，這是一個美好的概念，無論你怎麼看待你自己，「光之天使王國」的能量都能無條件

的為你所使用。

在你感覺到天使神聖存在之前，你不需要相信自己是善良的、靈性的或是充滿愛心，因為沒有任何事、任何人不會被天使王國這無條件之愛所感動。

03

天使的歷史

天使最初是上天使者的總稱，因為在希伯來文《聖經》裡有關天使的紀錄中，並未出現個別的名字。但在猶太王國被征服後，人民被囚禁在巴比倫城，這些猶太人就開始記錄下天使的名字。在這之前的猶太教天使學中記錄了七位大天使，但只有兩位被提及名字，就是米迦勒（麥可）和加百列，這兩位天使長的名字出現在最早的《聖經》正典之中。

關於天使的數量眾說紛紜，從幾個到幾億不等，有人相信天使之間存在種類、職能、等級的區分，有一種流傳下來且影響力最大的區分方法是，中世紀一位研究天使學的中東學者狄奧尼修斯所發表的《天階序論》，將天使的等級分為三級九等即「天階等級」，但因為在新約聖經的《使徒行傳》中出現過一名與他同名的狄奧尼修斯（Dionysius）希臘官員，所以早期基督教徒將他的著作當成是《聖經》中的人物所撰寫的文獻，並將天使的三級九等當作成可信奉的外典。這位發表《天階序論》的狄奧尼修斯，後來被稱為「偽狄奧尼修斯」。

在《天階序論》中提出的分類方法，是將天使分為三個等級，每個等級之下又分三等，從上到下依次為：第一級：六翼天使、智天使、座天使；第二級：主天使、力天使、能天使；第三級：權天使、大天使、天使。這天使三級九等的理論，於教皇格雷戈里一世（Gregory I）時代被羅馬教廷認可，但在西元七四五年羅馬會議中，教會進行了大規模的教義改革，教宗聖匝加利亞（St. Zachary）規定信徒只能崇拜耶和華，不得崇拜天使，只能將天使當作指引者，因為《聖經》中記載上帝是唯一的神，不得崇拜偶像。而在這個會議之後，許多天使從羅馬教會的敬拜天使名單中被移除，之後的羅馬教會只認可對米迦勒（麥可）、加百列和拉斐爾進行崇敬，因為只有這三位天使長的名字在天主教的《聖經》正典中被提及。而大多數經過具體描述的天使形象，也只出現在《聖經》的外典和偽典中。

到了十三世紀，阿奎那斯（Thomas Aquinas）的《神學總論》對偽狄奧尼修斯的天使分類進行修訂。十六世紀之後，天使三級九等的理論逐漸被教會淡化，在一九九二年版的《天主教會教理問答》中，偽狄奧尼修斯的天使分級不被承認，正式宣告《天階序論》為偽經，自此不被認可。

04

認識大天使

大天使是神最初的創造之一，非歸屬任何宗教體系，祂們歸屬於神。大天使的數量是無法計算的，但只有少數大天使與地球上的人們接觸。大天使也被稱為統治天使，在《啟示錄》中是「七個站在上帝面前的人」，有責任履行上帝的旨意，必須控制和協調創造中的一切。儘管祂們是生活在天使世界中的天體，但你可以確定祂們始終在附近，並可以透過多種方式幫助我們。每位大天使都有所長，分別代表神的不同面向。

我們今天掌握的有關天使的信息，實際上是經由許多不同傳統傳承下來的信息大雜燴。關於「天使」本質的信息中，最一致和保存最完整之一的，是在卡巴拉中。生命之樹是卡巴拉傳統中描繪創造力和意識的模型之一。生命之樹有十個質點或球體，基本結構分為三個支柱、十個質點、二十二條路徑，每個質點都有一個大天使來守護及指導人們。生命之樹是用來描述通往上帝的路徑，被視為神創造宇宙的藍圖，因此，透過這種傳統，我們可以對每個主要大天使的精髓有所了解。

1

卡巴拉生命之樹中的十位大天使

1 大天使麥達昶（Archangel Metatron）——王冠輪（Kether）

名字的意思是「人神合一的天使」、「存有的天使」。Metatron 的字根 meta 是「次於」，thrones 是「王座」，所以兩者的結合就是「次於王座的人」，也就是最靠近王座者的人。

麥達昶掌管生命之樹頂端的第一個球體「王冠輪」，意思是「冠冕」。

生命之樹

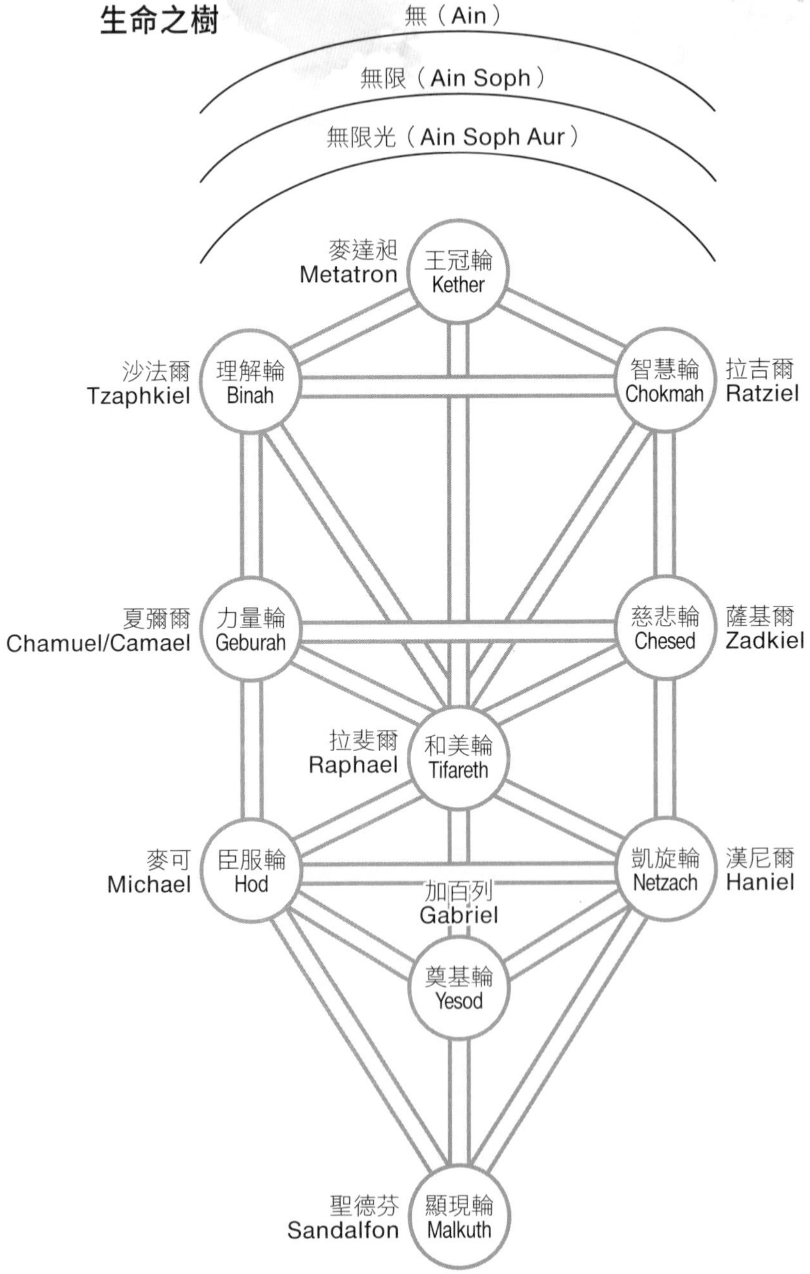

無（Ain）
無限（Ain Soph）
無限光（Ain Soph Aur）
麥達昶
Metatron
王冠輪
Kether
沙法爾
Tzaphkiel
理解輪
Binah
智慧輪
Chokmah
拉吉爾
Ratziel
夏彌爾
Chamuel/Camael
力量輪
Geburah
慈悲輪
Chesed
薩基爾
Zadkiel
拉斐爾
Raphael
和美輪
Tifareth
麥可
Michael
臣服輪
Hod
凱旋輪
Netzach
漢尼爾
Haniel
加百列
Gabriel
奠基輪
Yesod
聖德芬
Sandalfon
顯現輪
Malkuth

由於王冠輪在生命之樹的頂端，意謂將上帝的生命能量引導到上帝創造的宇宙中，麥達昶將地球上的人類與上帝的神聖能量聯繫起來，幫助人們將神聖的能量融入他們的生活中。祂也是監督整個生命之樹及其宇宙能量的天使。

麥達昶是神創造的第一個火花，是連結神與人之間的能量。祂位於最靠近「神」的位置，而祂的雙胞胎兄弟聖德芬（Sandalfon），則是位於生命之樹的最底部。人們的祈禱是先由聖德芬所接收，祂再傳遞給麥達昶，接著由麥達昶將人們的祈禱告知「神」，並將神的旨意交給聖德芬，請聖德芬來執行「神」的禮物，將這禮物交給人們。

在《以諾書》中，麥達昶被指派管理梅爾卡巴（Merkaba）。梅爾卡巴是一個「意識的載具」，可幫助心靈、身體和精神去經歷生命與空間的「現實平面或真實相」，而卡巴拉教義中的生命之樹，是通往靈性之路所用的梅爾卡巴。梅爾卡巴立方體被認為是所有物質界實體的基本組成，名為

「麥達昶立方體」或「生命之花」。麥達昶立方體是一個非常複雜的二維幾何圖形的名稱，由十三個相同大小的圓圈組成，包含了上帝創造的宇宙中存在的每一種形狀，而這些形狀是所有物質的基石。因麥達昶立方體是一種強大的神聖幾何符號，擁有所有創造模式，可以用來療癒，也具有很強大的清理能力，可以清除低頻的能量。

麥達昶曾經化身為人，即是先知以諾，在《創世記》中，以諾曾經與上帝一同行走，記載神的祕密，善於書記，負責記錄世界上發生的一切事情，並將《拉吉爾天使書》傳授給挪亞與所羅門。他離開人間後，成為大天使麥達昶，繼續擔任書記的工作，是天界的書記官，世人稱祂為「天上的書記」。祂是名字非以el為字尾的大天使之一（另一位是大天使聖德芬，即先知以利亞）。

2 大天使拉吉爾（Archangel Raziel/Ratziel）——智慧輪（Chokmah）

名字的意思是「神的奧祕」。掌管著生命之樹的第二個球體「智慧輪」，意指「知識、理解及智慧」，被視為宇宙之父。拉吉爾創造所需的動力和智慧，擁有所有創造的智慧鑰匙，具有無限的創造潛力。拉吉爾身為奧祕的天使，能幫助你了解神祕的靈性觀點，並以實際的方式來應用。祂是大天使界的巫師和煉金術士，可協助你發現真相與祕密。

傳說中，拉吉爾坐在神的王位旁邊，可以聽見與記錄神的一言一行，並將這些智慧集結成冊，名為《拉吉爾天使書》，此書蘊含宇宙所有的智慧。據說亞當被逐出伊甸園時，拉吉爾將此書贈給亞當，讓他明瞭生命與宇宙的祕密。這本書記載了天上地下的眾多知識，挪亞即是從這本書中得知了打造方舟的方法，之後此書成為所羅門王的收藏，讓他擁有了天堂的知識，並有能力以卡巴拉的學問來建造聖殿。

3 大天使沙法爾（Archangel Tzaphkiel）——理解輪（Binah）

沙法爾是生命之樹「理解輪」的守護天使，Tzaph-kiel 的意思是「對上帝的認識」。沙法爾同時也是座天使的指導者，祂是女性的原理，代表成熟的女性，亦即體現了上帝創造女性化的方面。

沙法爾被稱為富有同情心的理解天使。祂幫助人們學習如何運用上帝對他們的無條件之愛，來愛別人、解決衝突、寬恕他人並發展同情心，從而激勵人們為有需要的人服務。祂幫助人們從神的角度，準確地看到生活中的每個人和萬事萬物，這樣人們就可以看到所有人在神的創造中如何相互聯繫並受到重視。一旦人們理解了這一點，就會激發和激勵他們有同情心地對待他人。

沙法爾也被稱為「神的守護者」，因為祂看著上帝，在靈性上藉由觀察上帝對人的作為，而得以理解這是一種偉大而無條件的愛。在占星學中，大天使沙法爾掌管著土星，幫助人們面對恐懼，也讓人對於導致恐懼的原因有更深入的了解，並有更大的勇氣做出重要的決定，使自己能夠繼續生活。

4 大天使薩基爾（Archangel Zadkiel）——慈悲輪（Chesed）

薩基爾是生命之樹「慈悲輪」的守護天使，Zadkiel 的意思是「神的公正」，意味著純粹而神聖的宇宙法則——「愛」。薩基爾是慈悲的天使，與祂所監管的天使，一起在整個宇宙中傳遞上帝慈悲的能量。祂鼓勵人們對他人友善，使人們在祈禱時獲得平安，以便讓人們相信上帝會根據他們的祈禱給予最佳的回答。

薩基爾也被稱為仁慈天使，是寬恕者的守護神。當人們做錯事時，祂幫助人們向上帝求饒，還鼓勵人們為自己的錯誤尋求上帝的寬恕，以便讓他們在精神上成長並享有更多的自由。祂也讓人們放心地知道，在他們認罪並悔改自己的罪過時，上帝會關心且憐憫他們。此外，薩基爾鼓勵人們祈禱，同時致力於療癒及和解這些關係。正如薩基爾鼓勵人們尋求上帝所給予的寬恕一樣，祂也鼓勵人們原諒那些傷害了他們的人，並協助他們選擇寬恕，儘管他們受到了傷害。大天使薩基爾可以安慰人們並療癒其痛苦的記憶，從而幫助療癒情感創傷。

5 大天使夏彌爾（Archangel Chamuel）——力量輪（Geburah）

夏彌爾（或稱卡麥爾〔Camael〕）是生命之樹「力量輪」的守護天使，名字的意思是「看見神的人」。因為祂具有無所不知的全視野，可以看到並了解每個人之間的一切，所以能協助我們找到生命中重要的東西，在協尋失物、找尋新工作、愛情關係等，都能給予很大的協助。如果你需要修護在個人或工作關係中任何的誤解，都可以祈請祂幫忙。

夏彌爾無條件的愛和療癒的能量，可以幫助我們療癒和修復所有的關係，尤其是遇到困難的家庭關係。當我們試圖修復和恢復與孩子的關係時，特別是當你正經歷離婚或自己與孩子的一員之間關係緊張時，可以祈請夏彌爾協助幫忙。

夏彌爾也被稱為和平關係的天使，祂是上帝的愛和同情心的化身，以無條件之愛的粉紅色光芒出現在世界上。人們有時會尋求夏彌爾的幫助，以找到內心的平靜，化解與他人的衝突，寬恕那些傷害或冒犯了他們的人，找到並培養浪漫的愛，並伸出援手為需要幫助的人提供服務。夏彌爾是一位純潔的愛的天使，當你因無法控制的情況而感到焦慮、悲傷、孤獨或傷心欲絕時，請祈請這位大天使，讓愛充滿你的心。夏彌爾也可以協助你打開心輪，加深與周遭所有人的關係。

在主要的宗教著作中，都沒有提及夏彌爾的名字，但在猶太和基督教傳統中，祂被公認為是執行某些重要任務的天使，這些任務包括：在上帝派遣約菲爾將亞當和夏娃趕出伊甸園後，由夏彌爾安慰他們，以及在耶穌被捕和被釘在十字架上之前安慰耶穌基督。

6 大天使拉斐爾（Archangel Raphael）——和美倫（Tifareth）

拉斐爾是生命之樹「和美輪」的守護天使，名字的意思是「治癒者」，是最強大的療癒大天使，祂的使命是為我們帶來各個層面的療癒。祂的作用是為世界、人類、動物，以及所有因無法發揮最大潛力而遭受苦難的人，帶來康復。祂對於在身體、精神、情感上掙扎的人們充滿同情心，努力使人們與上帝更加親近，以便人們可以體驗上帝想要給予他們的和平。拉斐爾還致力於療癒動物和地球，因此人們將祂與動物保健和環境努力聯繫在一起。

在舊約聖經的《托比特傳》（*Book of Tobias*）中，拉斐爾與托比特的兒子多俾亞（Tobias）同行，在旅程中保護多俾亞的人身安全。因此，拉斐爾亦贏得「旅人的守護者」的封號。拉斐爾在《托比特傳》中展示了治癒人們不同健康問題的能力，包括恢復托比特的視力，幫助多俾亞驅趕附在辣古耳的女兒撒拉身上的惡魔，使得多俾亞順利娶了撒拉。祂是醫學界人士，如醫生和護士、病患、顧問、藥劑師，還有旅行者的守護神。

7 大天使漢尼爾（Archangel Haniel）——凱旋輪（Netzach）

漢尼爾負責生命之樹的「凱旋輪」，名字的意思是「神的榮耀」，可幫助人們在充滿挑戰的情況下取得勝利。祂會使人們有信心在任何情況下都可以信任上帝，期望上帝即使在最艱難的挑戰中也能帶來良好的結果。漢尼爾敦促人們依靠上帝（因祂永遠不變），而不是依靠自己的情感（因會不斷變化），這樣一來，即使他們對當前的狀況不滿意，還是可以信任上帝。

漢尼爾通常被認為是在《以諾書》中將先知以諾（大天使麥達昶在地球的化身）帶到天堂的天使，在他成為大天使麥達昶之前就進行了天堂之旅。在旅行中，漢尼爾打開了各個層次的天堂，幫助以諾增長智慧。

漢尼爾可以協助找回失落以久的自然療癒力，也協助我們尊重自然的循環週期、情緒與節奏（尤其針對女性經期的問題）。漢尼爾會透過溫和的微調，帶回我們生活中的和諧與平衡，與我們的內在自我重新聯繫，遵循我們的內在指引。祂的職責之一是幫助婦女在每月的週期中療癒。祂高能量的振動還可以幫助你打開直覺。

8 大天使麥可（Archangel Michael）——臣服輪（Hod）

麥可掌管生命之樹的「臣服輪」，名字的意思是「如同神的人」，他是上帝的首席天使，忠誠者的拯救者，又被稱為「正義天使」、「悔悟天使」，主要特徵是具有強大的力量和勇氣。麥可是正義的化身，也是一位與邪惡對抗的天使，保護和捍衛那些愛上帝的人。麥可是榮耀與輝煌的能量，是黑暗中的一道光，能將一切黑暗轉化為光亮，創造新的開始。

麥可是最為人所熟知的大天使，當人們有需求時，通常會尋求大天使麥可的協助，例如，在恐懼時召喚祂，以獲得克服恐懼的勇氣，或召喚祂讓自己有抵抗罪惡誘惑的力量，進而做出正確的事，或是在危險情況之下能夠得到大天使麥可的保護並因此安全。麥可被認為是所有大天使中最強大的，祂不停地與黑暗勢力作戰，為所有人帶來和平與和諧。

麥可的力量象徵著火元素，表現出來的是藍色火焰或藍光，與祂的盔甲和劍，一起象徵著勇氣、力量與保護。人們經常用劍和盾、盔甲來描繪祂，以表示戰爭和力量，祂的形象一直都是正義的，在歷史上是保護人類免受黑暗力量侵害的大天使。在天使中，麥可是天上部隊的天使長和軍團的最高統帥，被稱為光之天使聖團。

在主要宗教文獻中，祂比其他有名的天使更常出現。《聖經》和《古蘭經》都提到了麥可，是猶太教、基督教和伊斯蘭教共同承認的天使，是力天使、大天使的統領，天使長之一。

9 大天使加百列（Archangel Gabriel）——奠基輪（Yesod）

名字的意思是「神是我的力量」，掌管了生命之樹的「奠基輪」。在生命之樹上，所有創意能量都是通過加百列流動並向下反射，才通過聖德芬落地。祂是報喜、復活、仁慈與復仇的天使，第一天國的掌管王子、天堂的天使守護者的首領。

加百列是新舊約聖經中僅有的兩個被提及的大天使之一，另一個是麥可。加百列的主要職掌，是在受精、生產、領養與養育過程的各個階段，協助母親和小孩，若你祈請祂，加百列也會協助你達成想要生育兒女的願望與需要。

加百列是溝通的守護神，因為祂是神的最高傳訊者。在整個歷史中，加百利向人類傳達了上帝最重要的信息，因此被稱為「訊息天使」，祂也是天堂的主要溝通者。當你在向這位偉大的天使長加百列祈請幫助時，祂可以幫助人們彼此之間有更好的溝通，也使你掌握了溝通技巧。加百列為所有從事交流工作的人提供幫助，例如：記者、客服人員、外交官和大使等。

上帝選擇了加百列在關鍵時期傳達重要的訊息，例如：告訴聖母瑪利亞，她將在耶穌基督轉世時擔任母親（天使報喜）。在宗教文獻中，加百列在許多宣告中都充滿信心，權威且和平地提出了具有挑戰性的信息，敦促人們在回應信息時相信上帝的能力。上帝指派加百列傳達的信息，常常以某種重要的方式延伸人們的信仰。

加百列提高人們的溝通技巧的最終目的，是要使人們在此過程中與上帝越來越親近。祂是在白光中工作的天使，而白光代表著純潔、和諧與聖潔。加百列督促人們發現並履行自己的生命目的，而清晰的溝通正是實現此目標的寶貴工具。因此，如果人們用憤怒來溝通，將會使自己內在變得混亂無序，加百列會幫助他們看清這一點，並鼓勵他們學習更好的方式來處理憤怒的情緒。

加百列喜歡透過養育孩子的經驗來幫助父母成長，當為人父母者祈請大天使加百列幫忙，祂所做的不僅是簡單地為當下的情況提供指導，更會幫助父母從與孩子一起經歷的過程中，學到靈性的功課。

相傳《啟示錄》中那位身分未明、吹響號角宣布審判日開始的天使，就是加百利。祂被認為象徵「智慧」。在阿拉伯語中，加百列被稱為「吉卜利勒」，穆斯林認為是由祂向穆罕默德啟示《古蘭經》。

10大天使聖德芬（Archangel Sandalfon）——顯現輪（Malkuth）

聖德芬掌管生命之樹的「顯現輪」，是卡巴拉生命之樹中最接近地球的，也是生命之樹中十個球形的出口。聖德芬是唯一兩位大天使中名字非以el為字尾的。聖德芬在希臘文譯為「兄弟」，指向他的孿生兄弟麥達昶。這兩位大天使曾經化身為人，麥達昶是智者以諾，聖德芬是先知以利亞，他們在世上活出傑出的靈性生命，因此被神晉升為大天使。

聖德芬是協助神傳送禮物的天使，主要任務之一是傳遞與回應任何的祈禱，在天堂，所有祈禱都是同等重要的，那裡有足夠的天使來協助地球上的每個人。聖德芬說，每一個祈禱都會被聽見與回應，雖然回應可能會以不同於我們期待的方式來到。

當我們接觸大自然時，祂可以協助我們與大自然的療癒能量連結起來，使我們的靈魂得到療癒，並且使我們直接與神聖來源保持聯繫，從而幫助我們將健康和福祉直接吸收到體驗中。

在藝術上，聖德芬經常被描繪為演奏音樂的模樣，因此又被稱為學習音樂者的守護天使。祂與音樂家也有特殊的連結，當音樂家在尋求作曲靈感和表演時，可以祈請聖德芬的幫助，在祂的幫助下，你的音樂可以為許多人提供心理和情感上的康復。

聖德芬是地球的保護者，對人類的健康和福祉負責。身為自然保護者，祂的職責之一即是監視自然世界的進程，其中最重要的是子宮中胎兒的發育，在古代猶太聖經中，聖德芬負責決定子宮內胎兒的性別，是所有孩子在子宮中的靈魂的守護者。當胎兒無法被生育時，聖德芬會保護胎兒的靈魂，將其帶回天堂。婦女在懷孕期間，可以祈求大天使聖德芬的協助，求助分娩順利及確保母親和孩子在分娩時的平安。

2 大家熟悉的其他大天使

1 大天使烏列爾（Archangel Uriel）

名字的意思是指「神是光」。烏列爾被稱為智慧的天使。在藝術中，經常將烏列爾描繪成手拿書籍或卷軸，這兩者都代表著智慧。在東正教聖像中，祂被描繪為手持火燄或烈燄聖劍的總領天使，將上帝真理的光照進混亂的黑暗中，並啟發我們解決問題的智慧與能力。

在《聖經》中，烏列爾被認為是向挪亞警告大洪水即將來臨的天使。烏列爾是一位高能量的大天使，是上帝偉大智慧和上帝之光的管道，無私地照亮人們。烏列爾為全人類提供了無條件的服務，分享了照亮所有人心靈的智慧之光。當你感到恐懼，被拒絕或拋棄時，都可以召喚大天使烏列爾，祈請祂協助你增強自信心。

2 大天使亞列爾（Archangel Ariel）

Ariel 在希伯來語中意為「神的獅性」，也被稱為自然天使。與所有大天使一樣，亞列爾有時也被人們描繪成男性，但祂更常被視為女性。亞列爾是野生動物的守護天使，當人們想要照顧好環境、野生動物和寵物時，可以尋求亞列爾的幫助。祂經常與大天使拉斐爾一起工作，協助野生動物的健康與療癒。如果你想與大自然做更進一步的連結，也可以祈請大天使亞列爾的幫助。

亞列爾負責監督自然界，與動物、礦物質和自然界中的元素緊密相連。亞列爾可以協助我們解決環境問題，例如：清理環境災害、保護和治療生病或受傷的動物。在古老的傳統中，亞列爾通常被描述為在地球上擁有統治自然元素和動物的天使。

3 大天使約菲爾（Archangel Jophiel）

約菲爾被稱為美的天使，名字的意思是「神之美」。約菲爾在每件事與每個人身上看見美，並協助我們能做到像祂那樣用美的眼光看待所有的人事物。約菲爾身為美麗與智慧的天使，也是藝術家的守護天使。約菲爾也是協助淨化空間的天使，如果你想進行外在空間的居家掃除，可以召喚約菲爾來協助你找到適當的時間和動機，從你所處的環境中清除障礙物，釋放任何不再為你服務的一切，並護送較低的能量離開，約菲爾也能協助你釋放對自己和他人的批判，指引你回到內在深層平靜的空間。

約菲爾可以幫助我們在思想上充滿創意，並為自己的創作注入靈感，祂不僅會為我們提供創造美麗事物的想法，還可以幫助我們去欣賞周圍的美麗事物。當你需要頭腦清晰和創造靈感時，可以祈請大天使約菲爾協助幫忙。

約菲爾經常被描繪成拿著火紅的劍——「智慧之劍」，守護著生命之樹。這把劍象徵著約菲爾能夠透過闡明你的精神自我的真實本性，來切斷你的思想幻覺。約菲爾的專長是化解負面能量與混亂的現象

4 大天使愛瑟瑞爾（Archangel Azrael）

愛瑟瑞爾主要的任務，是幫助人們在肉體死亡後，過渡到天堂。同時，祂主要的職掌是使用安慰和療癒的能量，包圍著即將死亡和悲傷的人們。當你死亡後靈魂離開肉體，愛瑟瑞爾會將你的靈魂帶到神的身邊，在這個過程中，祂會協助你不以批判或判斷的方式，而是以神聖、無條件

之愛的眼光，審視自己剛剛離開的身體。如此一來，你以前生活中的所有問題都將得到解答，然後你就可以開始確定下一次投胎的條件和挑戰。

當我們在世的時候，可以祈請大天使愛瑟瑞爾，幫助你吸收當前所學的許多經驗教訓。愛瑟瑞爾與所有天使一樣，是上帝之愛的使者，你可以隨時祈請祂以尋求幫助，特別是當你有下列需求時：

1 安慰垂死的人。
2 為傷痛提供安慰。
3 協助最近過渡到精神世界的朋友或親人。
4 為失去親人的人們提供物質和精神支持。

愛瑟瑞爾是伊斯蘭的變革天使和死亡天使，意思是「上帝的幫助者」。儘管在基督教宗教文獻中都沒有提到愛瑟瑞爾是死亡天使，但由於祂與流行文化的死神有聯繫，一些基督徒便將祂與死亡聯繫在一起。此外，愛瑟瑞爾也被認為是神職人員和悲痛者的守護天使。

5 大天使耶利米爾（Archangel Jeremiel）

名字的意思是「上帝的仁慈」，祂是情感的天使，透過幫助我們盤點思想和情感，來展示上帝的仁慈，從而帶來積極的變化。祂是一位啟發者，鼓勵我們奉獻於靈性服務的行為，祂也與獲得神聖智慧的過程有關。如果你感覺到在靈性上「受困」，並想重新拾回你的靈性道路和對神聖生命目的的熱情，可以召喚耶利米爾，祂將提供情緒療癒的安慰，並對原諒的課題帶來很好的幫助。耶利米爾並不像大天使麥可、加百列或拉斐爾那樣容易聯繫，比較可能在異象或夢中，或是天使數字之類的符號中發送指引。

耶利米爾也被稱為「存在天使」或「視覺與夢想天使」。耶利米爾在我

們生活中遇到挫折、失敗、打擊等時刻，會發出慈愛的光芒來溫暖我們。由於耶利米爾是情感的天使，主要參與幫助我們處理情感。當你遇到令人不安或負面情緒的麻煩時，可以祈請耶利米爾來幫助你釐清引起這負面情緒的原因，並協助你不被情緒所影響，而能冷靜且清楚地看待這件事。祂還可以幫助你擺脫過去，學習寶貴的人生課程。

耶利米爾可以透過多種方式，對於那些在靈性層面上開始覺醒，並在靈性道路上尋求進步的人有所幫助。通常，在我們發展自己的心理和精神天賦的能力時，會受到某種形式的依戀創傷或過去的經驗所阻礙，耶利米爾可以幫助我們克服這些內部障礙，並朝著積極的方向發展。

當你感到自己迷失在當前的精神道路上或迷路時，請大天使耶利米爾給你發送一個夢想或願景，你將重新認識自己並提高奉獻精神。無論你的信仰體係是什麼，都可以從耶利米爾的指導中受益。

人們處理情感時，遇到的最大問題之一，就是難以釋放過去並接受當下的事物，而耶利米爾可以透過啟動我們內在更高的智慧，幫助我們做到這一點，該過程會使我們以清晰的視野和無條件的愛，來回顧過去的經歷，而隨著生活上的改變及進展，我們將獲得新的見識和以前從未意識到的其他信息。

耶利米爾經常向我們發送夢想和願景，而它們就像我們腦海中的電影一樣，為我們的生活事件照亮了新的觀點，為我們帶來了智慧和清晰度，在祂的幫助下，我們可以對自己的生活進行盤點，並獲得寶貴的見解，這將幫助我們找到治療和智慧。

6 大天使拉貴爾（Archangel Raguel）

名字的意思是「神的朋友」，祂通常被指為公義、公平、和諧、復仇及贖罪的天使長。拉貴爾致力於服務上帝，祂的職責是維持人類關係的和諧，以便讓人們能夠體驗到公正與和平。而祂的責任則是報復那些違背上帝律法的權威者。

祂在天堂的主要職責，是監督所有其他大天使和天使，確保天使們以和諧有序的方式相互配合，進而順利執行上帝的旨意，所以祂被稱為「正義與公平大天使」。拉貴爾喜歡幫助弱者，可以幫助那些感到被輕視或受虐待的人變得更有能力和受到尊重，人們有時會尋求拉貴爾的幫助，以克服虐待並獲得應有的尊重，解決彼此之間的衝突，並採用互利互惠的方式解決壓力沉重的問題，擺脫混亂，在壓力下忠於自己的精神信念。

拉貴爾使人們能夠在個人層面上解決問題，例如當你遭受撒謊、忽視、壓迫、八卦、誹謗或騷擾等情況時，因為祂非常關注任何不公正的現象，經常被描繪成拿著法官的木槌，代表祂站在公正的一方，對抗不公義的事情。因此，當你因受到不公正的對待而產生憤怒時，祈求大天使拉貴爾，祂會引導你針對這個情況提出建設性解決方案來改善，並且將正義帶入你的生活中。

《以諾記》中，將拉貴爾列為評判所有叛逆上帝律法的大天使之一，監督其他聖天使，以確保祂們有最好的表現。在猶太和基督教的傳統中教義中，拉貴爾的職責就像警長一樣，祂的目的是阻止墮落的天使和魔鬼越過界限，也會消滅邪惡的靈魂，並將墮落的天使投入地獄。

7 大天使沙利葉（Archangel Sariel）

根據《以諾書》的說法，沙利葉的任務是保護人的靈魂不會受到罪的玷污，同時也是掌管月亮的天使，由於古代人認為月亮是儲存著亡者靈魂的地方，而且月亮在古代總是與一些不好的事物（如魔法、死亡）連結在一起，所以沙利葉也被認為是墮天使之一。相傳沙利葉是取回摩西靈魂的天使，而摩西收到的所有知識都是來自沙利葉。沙利葉與大天使拉斐爾一樣善於治癒術，也被稱為知識的天使。

沙利葉是天堂軍隊的領袖之一，儘管沒有相關紀錄，但有人說沙利葉是墮落的叛亂天使之一。祂也是《以諾書》中七大天使之一，但因為職務的關係，具有所謂的「邪眼（Evil-eye）」能力，被邪眼瞪到的生物，其行動將會被封死，不管是人類或是邪靈都會失去力量，逐漸死亡。古代視這種能力為恐怖的象徵，所以沙利葉自然被視為惡魔。

在《死海古卷》（又稱死海文書）中「光之子與闇之子之戰」章節中，沙利葉卻又被列在光之子的戰鬥序列中，所以沙利葉是具有正反評價、兩種雙重身分的天使。

8 大天使雷米爾（Archangel Remiel）

名字的意思是「神的慈悲」，將人的靈魂引導向最後的審判。《以諾書》指稱雷米爾是背教者的導師，是墮落天使之一，對魂魄之事知之甚詳，他負有兩個任務：負責神聖的願景，並帶領信徒的靈魂進入天堂。

2 其他宗教或經典記載的天使

1 七大天使

不同宗教及典籍皆有記載所謂的「七大天使」，但對於所指的七大天使卻有一些差異。新約聖經中的《啟示錄》章節中，明確提到的七位御前天使，分別代表週日到週六，祂們皆是大天使，在天界乃至地球上是擁有最大力量和權威的天使。在舊約聖經《創世紀》章節中，神創造了天使做為其創造天地的幫手，參與歷史的見證，這些天使被稱「創世天使」，而祂們與《啟示錄》中的七位御前天使一樣，也是分別代表週日到週六。

《啟示錄》七位御前天使、《創世記》七位創造天使、《以諾書》七位大天使：

1 大天使麥可

2 大天使拉斐爾

3 大天使加百列

4 大天使烏列爾

5 大天使拉貴爾

6 大天使沙利葉

7 大天使雷米爾

2 「四大天使」（伊斯蘭教、天主教所承認）

1 大天使麥可

2 大天使拉斐爾
3 大天使加百列
4 大天使烏列爾

3 常見的十五位大天使

下列十五位大天使的英文名字中，除了兩位大天使外，其他大天使的名字都以「el」而結束，這是希伯來文中「神」或者「來自於神」的意思。那兩位例外的大天使，即是麥達昶及他的孿生兄弟聖德芬，他們曾經是聖經中的先知，在生命結束時成為典範而揚升到大天使國度。

1 大天使麥可
2 大天使拉斐爾

4 七道光的大天使與其神聖伴侶（雙生火焰）

（掌管者：指「負責守護、管理這道光的人」，祂們掌管到地球上該道光的法則，為投生在地球上的靈魂服務。）

1 第一道光——大天使麥可（Michael）與費絲（Faith）

屬性：保護、信心

掌管者：霍汗（Chohan）、艾莫亞（El Morya）大師

顏色：藍色

對應脈輪：喉輪

2 第二道光——大天使約菲爾（Jophiel）與克莉絲汀（Christine）

屬性：愛、智慧

掌管者：藍道（Lord Lanto）大師、梅翠亞（彌勒佛）、釋迦牟尼、薩南達（耶穌）、庫圖彌大師。

顏色：黃色

對應脈輪：頂輪

3 第三道光——大天使夏彌爾（Chamuel）與查瑞蒂（Charity）

屬性：無條件的愛、慈悲

掌管者：威尼斯人保羅（Paul the Venetian）

顏色：粉紅

對應脈輪：心輪

4 第四道光——大天使加百列（Gabriel）與荷伯（Hope）

屬性：純淨、完美、基督意識

掌管者：瑟若比斯・貝（Serapis Bey）
顏色：白色
對應脈輪：海底輪

5 第五道光——大天使拉斐爾（Raphael）與瑪利亞（Mary）
屬性：治療、真理
掌管者：希拉靈（Hilarion）大師
顏色：綠色
對應脈輪：第六脈輪（第三眼）

6 第六道光——大天使烏列爾（Uriel）與奧羅拉（Aurora）
屬性：和平、服務、礁島
掌管者：那達女士、薩南達

顏色：紫色、金色

對應脈輪：太陽神經叢

7

第七道光——大天使薩基爾（Zadkiel）與艾茉西斯特（Amethyst）

屬性：自由、蛻變、轉換

掌管者：聖哲曼（Saint Germain）大師

顏色：紫色

對應脈輪：靈魂之星

Chapter 2

天使靈氣 療癒進程及奉獻空間

01

何謂「療癒」？

療癒

療癒是邀請，是改善之路的一步。

天使靈氣療癒的目的不是解決問題，而是邀請他們實現自己的神性。當人與自己的靈魂或更高的自我連結時，就沒有任何空間可以容納不完美的事物，沒有任何「人」可以真的療癒任何人，沒有任何一種方法真的可以療癒人，只有在高頻能量的帶動下，讓被療癒者看見自己的神性，才能真正啟動被療癒者內在的療癒本能。

天使靈氣的能量並不總是讓人感覺到舒緩和放鬆，有時是具破壞性的。天使靈氣帶來了無條件的天使能量和神性的完美，因此，它會使我們內在那些不完美的事物浮出檯面，所以，天使靈氣的療癒有時候是讓這不舒服的狀態更為明顯，但這只是過渡的，等到被療癒者瞭解自己是完美的神性火花，這種不舒服的狀態即可舒緩或解除。

「療癒」的方向包含身體及心靈

身體方面

人們對於疾病為什麼發生總是處於被動式的，甚至覺得對於疾病的發生無能為力。天使靈氣創辦人凱文的終身指導師——揚昇大師迪瓦庫，透過愛麗斯・貝莉（Alice Bailey）所傳遞的療癒法中提到：「所有疾病都是靈魂生命受到壓抑的結果。疾病是在三種成因之下產生的：第一種，一個人的過去，他要為自己過往所做的錯誤付出代價；第二種，他的遺傳，他與所有人類分享著那些受污染的集體能量流；第三種，他與一切自然形態分享著生命之主施加在身上的一切。這三種影響被稱為『古老邪惡的分享法則』（Ancient Law of Evil Sharing），而它們終有一天必定會被那個隱藏在神所創造一切之中的『古老主宰善的法則』（Law of Ancient Dominating Good）所取代，但這個法則必須要經過人類的靈性意志才能實現。」

揚昇大師迪瓦庫在《祕傳之療癒》（*Esoteric Healing*）中說道，疾病不是人類的錯誤思想或不道德行為所造成的結果，疾病是淨化與釋放，是轉變過程的一部分，換句話說，疾病是一個應該被接納的過程，而不是一個應該被解決的問題。他也曾在傳訊中說：「我們所說的疾病是轉變的症狀，我們可以把它當成正面的經歷，並接受積極的變化，一旦這樣做，所有的負面情緒負擔就會消失。在那一刻，當我們選擇將疾病視為機遇時，它就不再是我們標記為疾病的一切。疾病會成為改變的自然過程和天賦，而不是詛咒。」

天使靈氣認為疾病最初的源頭是來自於「分離意識」，也就是在我們的意識中認為我們與神是分離的，而這個分離的幻覺被我們的祖先所持有，所以我們從父母承襲的基因中有著痛與疾病的模式。疾病的產生因素非常多，「業力」也是疾病發生的原因之一，但業力並不是懲罰或是報應，只是一種因與果的關係，也就是「種什麼因，得什麼果」，業力是能量上的一種平衡。一個人的出生可能是為了某一個特定的角色而來，為的是將過去世的事件在能量上恢復平衡，當過去的所作所為錯誤時，就會有相對應的事件來讓這件錯誤恢復平衡，而此相對應的事件可能會發生在未來的某個時間點。

人類創造出疾病的另一個最常見的方式，就是在情緒能量上受到壓抑或是對於事情過度執著，這都將使能量無法自然流動而產生疾病。

心靈方面

心靈方面的療癒也非常重要，當身體受傷或產生疾病時，我們理所當然的會尋求醫療來治癒疾病與傷口，但要是看不見的心靈受到創傷時，該怎麼處理呢？該如何療癒這些看不見的傷口？

除了我們的身體疾病需要被治療外，我們的心靈也會因為過往所遭遇的不愉快事件，而烙下深刻的傷口。心靈上所受的創傷是看不到的，不像身體上的流血或痊癒可以被看見，但這傷痕所造成的影響卻很大、很長久，甚至靈魂會帶著這樣的傷痕、印記來轉世投胎，而且心靈所受的創傷還會影響到身體的健康。

以靈魂的角度來看，靈魂經過在地球上的轉世投胎，累積了許多前世的印記與傷痕，而這些前世的傷痕會在潛意識中留下傷口，進而影響這一世的你。所以有人會在情緒上無來由的對於某些特定的人事物，產生恐懼、不安、害怕、厭惡、悲傷、沒自信等感覺，這種找不出原因所造成的情緒，可以藉由不同的心靈療癒方式來協助處理。所以，心靈與身體上獲得健康，具有同等的重要性，當心靈上的傷痛得到了療癒，身體上的不適自然就恢復健康。

疾病是一個應該被接納的過程，而非被解決的問題

療癒，是邀請我們知道自己是神的一部分。天使靈氣是一種療癒的過程，而天使靈氣療癒的意圖，是讓一個人連接回天使王國所維持的完美神性的意識當中，去實現自己的神性。

在天使靈氣的療癒過程中，藉由天使王國無條件之愛的能量傳送下，會將療癒者完全包裹在神的完美和無條件之愛的「光之天使王國」中，在這一刻，天使邀請人們憶起「我們是神的一部分，沒有與神分離，而且我

們是完美的」，既然是完美的，就不需要做更進一步的處理或恢復，只要讓人們連接上自己的內在之光，療癒自然就會發生，因為可以療癒問題的能量頻率早已存在自己的能量場中，而天使靈氣即是讓你喚醒自身這個療癒的能量頻率，因為你是神性的火花，是神性的一部分，你是完美的。

療癒不是治癒的過程，而是邀請你知道自己是誰

一直以來，「療癒」常以一種制式的型態發生，那就是在療癒的過程中，問題就像洋蔥一樣，一層一層地被剝開，每當你剝開了這一層，就會意識到還有另一層的存在，當你療癒了這個問題，還會有其他問題存在，問題好像永無止境一般。在療癒的過程中，你是否問過自己，這樣的療癒讓你覺得平靜嗎？還是它只是揭開了你的另一個問題點？

很多尋求能量療癒的人，是因為身體或心靈上產生了問題而尋求療

癒，希望可以解決當下的問題。有的人在問題得到解決之後，進而對靈性的觀點產生興趣，開始接觸一些身心靈書籍或課程。有人會藉由不同的能量療癒方式來療癒不同的問題，有些問題的根源來自於幼年時期，或源於前世的經驗，所以選擇做靈魂回溯療癒。

從療癒層面來看，將問題一層一層剝開之後，你會感覺到自己的狀況正逐漸得到改善，並且隨著層層剝離，你彷彿覺得自己正在解決問題且越來越好，但是，另一方面在現實生活中仍然有讓你痛苦的事情繼續發生。

很多人對於「療癒」有著不正確的認知，例如：療癒是可以緩解情緒痛苦的一個過程、療癒是解決問題的一種方法、療癒會讓生活更美好、療癒師可以幫助我擺脫當下的問題、當我得到療癒後生活會更好……等。事實上，並非每一次療癒都是讓人覺得舒服的。一次天使靈氣療癒發生後，其能量會持續二十一天到二十八天之久，甚至可能更長，能量在這段期間持續運作，持續療癒著當事人，但他可能因此將壓抑已久的情緒逐漸釋放出來，而這個過程並非都是舒服愉悅的。

另外，問題得到療癒後，也不代表你在未來的生活中就不會再遇到讓人痛苦的事情，也無法讓你的心靈不再受傷，因為天使靈氣療癒的是「因」而不是「果」。天使靈氣療癒是帶你去看到事情的根源，在光之天使王國無條件之愛的包圍下，讓你更有智慧去看待發生在身上的一切，並且用愛去療癒它。事實上，所有的療癒都是自我治癒，療癒的能力不是透過外在而得到的，天使靈氣的無條件之愛的能量，是讓你看到自己就是神性的火花，而這療癒的頻率早已在你之內，當你回憶起自己是神性的一部分，療癒即被啟動。

心理分析師伯特・海靈格（Bert Hellinger）在《療癒之道》（*Laws of healing*）一書中提到：「靈魂從哪裡找到信心來療癒自己，也治身體呢？從愛裡。那是一種愛，讓我們遠遠超越了會讓人生病的那種愛，因為令人驚奇的是，疾病也是愛的表現，疾病的本質是愛。能夠為靈魂和身體帶來療癒的愛，是不可測度的，超越了人類理智的範圍，但是我們知道它確實存在，它廣闊無邊且強大有力。」天使靈氣正是那能夠為靈魂和身體帶來療癒的愛，它來自光之天使王國，乘載著天使王國滿滿的無條件之愛。

療癒師在療癒過程扮演的角色及作用

天使靈氣療癒師是天使王國與被療癒者之間的無條件橋樑。

雖然天使靈氣療癒過程中，真正的療癒師是天使王國的天使們，但人類療癒師的角色是非常重要的。當療癒師從天使靈氣工作坊中經由點化而喚醒療癒能力時，往往會非常興奮的想要幫助周遭的朋友做天使靈氣療癒，但要注意的是，不要介入與解決被療癒者的問題，因為這不是天使靈氣療癒師的工作。

每一個靈魂都為此生選擇了最完美的人生旅途，有時候你看到被療癒者所經歷的事件看似困難與痛苦，但這些經歷或許在他的靈魂層面上具有更深層的意義，這些看似痛苦的過程或許是他生命藍圖中設定的一份美好的禮物，療癒師應該要學習去尊重他們靈魂的選擇。

點化通常被視為一種禮物，所有的點化都在接收者（也就是療癒師）的內在產生變化，創造了一種可能性。點化時所給予的靈性符號，皆被設計成原型或意識的形式，而這神聖的符號就是改變接收者意識的催化劑，而改變後的新能量，只會在接收者（療癒師）願意做出改變並接收這新能量時才會發生。所有這些內在的改變與調整，都是在幫助療癒師開發並喚醒他／她的潛力，以創造一個療癒他人的空間，而療癒師可以做到的程度，取決於他自己願意做出的內在個人改變有多少。

雖然療癒過程中，能量是由天使王國的天使經由療癒師傳送給被療癒者，但在整個療癒過程中，療癒師的意圖和想法極為重要。物理學中的

「量子糾纏」實驗，是兩個有關係的量子之間，一個量子的改變必然會引起另一個量子的改變，而兩者的改變是同時同量發生的，因此，當一個療癒師在某種方式上將被療癒者視為不完美，那麼療癒師的這種思維便會被錨定到客戶的心中。

如果療癒師認為被療癒者患有某種病症，或預期療癒結果如何，或認為被療癒者有不好的情緒問題等，那麼在療癒過程中，療癒師的意識裡就會對於被療癒者持有自己所認定或預期的「想法」。依量子糾纏的現象來看，當療癒師持有這個想法時，就會在他的現實面前創造出他所想的狀況，而這個想法也會讓被療癒者意識到。相反的，如果一個被療癒者身體患有疾病，但療癒師將被療癒者視為完美的神性火花，那麼被療癒者就會意識到自己是神性的、完美的。

如果療癒師看到的是一位生病的人，那種來自於療癒師的投射，不僅會讓整個無條件之愛的空間縮小，也會讓療癒受到影響與消滅。所以，身為療癒師，要能先看到自身是完美的、神的一部分，才能不受自己內在投射的影響，也才能在別人身上看見每個人都是具有神性且完美的。

要成為一個天使靈氣療癒師，並不一定要完美無缺或沒有個人的問題，而是當我們以無條件之愛來擁抱自己，看待自己所有的缺點與問題時，就能以愛與同理心去擁抱其他所有人。在療癒進程期間，天使王國的天使能量將通過療癒師傳送給接收者，同時療癒師也被天使靈氣所療癒，所以，當天使靈氣療癒師做完療程後，不會感到疲憊，反而藉由療癒別人而同時讓自身的問題一同得到療癒。

02 天使靈氣療癒進程

天使靈氣療癒最特別之處，在於當個案確定預約天使靈氣療癒的那一刻起，療癒已經開始進行了。因為當事人做出預約的過程，代表他對改變抱持著開放的態度，便會召來療癒的能量。

天使靈氣的療癒進程約為六十分鐘，可分為三個階段，每一階段約二十分鐘。

事前準備：創造一個療癒空間

準備的工作在個案到達之前就要開始，事先把自己及空間準備好是很重要的，療癒師可以藉由冥想為自己做準備，讓自己的心平靜下來，在空間的準備上，也可以先做環境的清理與淨化，使房間裡的能量自由流動，並且增強在此空間所做的一切活動的效果。

空間的準備工作中，包括了將這個療癒空間奉獻給光之天使王國，讓個案到達之前，整個療癒空間即充滿了天使王國的震動頻率。奉獻空間時，我們也可以創建自己想讓此空間充滿的思想形式和能量，並且讓它最能支持我們將要做的事情。這個空間是專為天使靈氣療癒所使用，就像是天使王國正在傾聽個案的談話，並且具有最完美的天使振動，以準備好進行療癒。

因此，當個案進到這個空間時，他們實際上是沐浴在天使頻率的能量中，天使會將所有不和諧的能量全部轉化為愛，而天使靈氣療癒師是在無條件之愛中擁抱客戶，而無需判斷、見解、偏見、投射、個人期望或個人參與。

第一階段：面談

在療癒的第一階段，是療癒師與個案的第一次接觸，為了讓個案可以安心且精神放鬆，同時也讓療癒師清楚知道個案來做療癒的目的，所以療癒師通常會以開放式問題來引導，例如：「你希望天使靈氣如何幫助你？」為開始。療癒師所問的開放式問題，是要讓個案敞開心向療癒師傾訴的一種邀請，並不是療癒師收集資訊的時候，但是療癒師可以藉由提出問題，讓個案對自己有更深入的了解。

療癒師能給個案最大的禮物，是一個「無條件傾聽的空間」，能夠完全無條件地傾聽他人說話，實際上是一項很棒的技能。通常當我們在聆聽別人的事時，內心其實常會將自己的經歷與對方進行比較，並且根據自己的經驗而投射到對方正在告訴我們的事情上。我們很少去理解對方在告訴我們什麼，而這樣的聆聽事實上並不是無條件的聆聽。能夠無條件聆聽，而不去解釋或發表意見，是非常困難的。

療癒師在這個階段需要做到的就是無條件傾聽，要讓個案知道，無論他說什麼或是用什麼情緒說出來都是安全的，都可以無條件地被傾聽和擁抱。在這個充滿了無條件之愛與無條件接受的空間裡，往往容易讓人卸下心防去談論從未向他人提起的問題。

在這個階段中，療癒師也會向個案介紹天使靈氣及說明療癒的進程，讓個案對天使靈氣有多一分的了解，讓他們知道在療癒期間自己會體驗到什麼，也讓個案了解到問題及疾病的背後都有一個原因。當人們知道這些問題及疾病的發生並不是無來由的，也不是憑空出現，他們之後就能接受這些狀況，這是因為如果這些狀況是他們自己引起的，他們就有能力去療癒它。在此階段中，療癒師只要維持著空間，讓個案多去談論，療癒師提出的問題只是讓個案有機會更深入地了解自己，這或許比實際為個案做療癒更具療癒性。「問題」實際上是一個禮物。

第二階段：療程

療癒的第二階段是傳送天使靈氣的實際操作過程。如果可以，盡可能讓個案躺在療癒床上，這會讓個案更容易放鬆。在整個療癒過程中，讓個案感覺放輕鬆、舒適，是非常重要的，如此一來，個案才能進入療癒所需的能量轉換狀態。

在傳送天使靈氣時，療癒師即是門戶與橋樑，天使王國透過療癒師而與接收療癒的人連結，進而將天使靈氣傳送至接收者身上。在傳送天使靈氣療癒的期間，療癒師不需要做出任何決定，也不需要記住手位及調用任何靈氣符號，只要讓自己專注在保持傳送天使靈氣的通暢，不需要將注意力轉到其他事物上。至於該選擇哪一種或組合哪幾種療癒方式，皆是由天使來引導，並非由療癒師的小我意識來決定。這些療癒方式是自然發生的，療癒師的工作僅是去維持住這個無條件的療癒空間，並且看見每個人都是完美的神性火花，神聖之愛會通過光之天使王國而帶來最完美的療癒。

人的感知是有限的，因此，在天使靈氣的療癒過程中，我們把療癒交給天使王國的天使們去處理，因為天使知道也看到這個被療癒者是多維度的存有，非常清楚被療癒者需要在哪個層面上傳送能量，需要哪些靈氣符號，需要傳送多少能量，需要由哪些專長的天使或天使們前來療癒。所以在療癒過程中，所有一切都是順從天使們的意志去做，而非療癒師自己的意志，這就是所謂的：They will, not my wil.

療癒時，療癒師的左手會放置在個案胸口上心輪的地方，這是我們與靈魂的無條件之愛的聯繫，也是靈魂與這一次轉世化身相連接的位置；右手放置在個案的太陽神經叢（胃部）上，這是他與這一次轉世化身的連結。因為療癒師的雙手在療癒期間會碰觸到個案身體的這兩個部位，所以在療癒前應該先徵詢對方的同意。如果個案不能接受或覺得有被冒犯的感覺，可以把雙手隔空放在相對應的地方，療癒效果是一樣的。療癒期間，如果被療癒者無法保持清醒而入睡，對療癒過程及結果也不會有影響。

療癒的過程通常需要二十分鐘左右，當療癒師感受到天使能量運作逐漸消退時，天使靈氣療癒就完成了。

第三階段：討論與分享

這個階段是讓被療癒者能夠談論他們在療癒過程中的經歷，分享他們的感覺並提出問題。當天使靈氣傳送結束後，可以請個案分享他們對於接受天使靈氣的體驗或感覺，如果個案有任何問題或洞見都可以提出來討論。

在天使靈氣中，療癒師的角色不是為個案解釋或是分享他們的療癒體驗。在療癒過程中，療癒師可能會察覺到某種資訊，例如收到天使給的信息或畫面等資訊，這是天使要引導療癒師去詢問接收者「特定」的問題，因為這些問題可能讓接收者有機會更深入地了解自己。所以，應該讓被療癒者多去談論及思考，而不是療癒師依照個人對此資訊的看法，把自己的意見告訴被療癒者。

要特別強調的是，療癒師在療癒過程中所做的任何回饋，皆是由天使王國引發的，而不是由療癒師的人格或小我來引發的。也就是說，療癒過程中，療癒師是否會接收到天使給的信息，或是給出什麼樣的資訊，都不是療癒師個人能決定的，而是取決於天使。只有天使認為給出這樣的信息或畫面，可以讓接收者更清楚地認識自己，才會發生。很重要的一點是，在天使靈氣療癒中，不論療癒師是否有接收到天使給予的任何信息，都不會影響到療癒的運作及結果，因為每一次的療癒都是最完美的療癒。

天使靈氣療癒師的工作主要是維持空間並與天使王國連結，並不是通靈者，更不是學了天使靈氣後就會成為通靈者或遙視者。不過，有時候還是會遇到個案希望療癒師能以遙視、通靈或預知的方式，確切地告訴他們，問題是什麼？為什麼會發生？甚至會希望知道關於前世的事情。這是因為個案會投射出療癒師一定比他們自己更瞭解自身的狀況。但一個遙視者或通靈者所給出的回饋，實際上會讓人喪失權能，也就讓個案喪失了神賦予人的力量。

天使靈氣療癒師是要讓個案知道自己的天賦權能。而對於被療癒者來說，如果希望療癒師能提供訊息和見解，實際上是在把自己的力量交到療癒師的手上。在天使靈氣工作坊中特別強調：「不要將遙視、心靈感應或通靈當作天使靈氣的一部分而操作。」療癒的目的之一，是讓被療癒者重新獲得力量、了解自己，進而增強自身的能力。從這一點來說上，療癒師可以與個案討論問題或分享建議，但天使靈氣療癒師從不會告訴個案應該做什麼，因為天使靈氣的療癒目的是讓接受者去了解自己的神性，進而了解自己內在的智慧與內在的引導。

很多時候，療癒師會對療癒結果感到有壓力，會擔心療癒過程結束後，如果沒有出現任何畫面或感受，或接到任何訊息時，該如何跟被療癒者「交代」，深怕會因此被個案質疑「沒效果」，而這些都是療癒師需要學習面對與放下的課題。

「最完美的療癒」並不是建立在讓人有感覺、有畫面的基礎上，因為天使靈氣療癒中，每個療癒必定是最完美的，每個療癒師要去見證並承認每個人都是完美的神性火花。

有些人尋求能量療法，是因為想要避免到醫院接受治療。在這種情況之下，應該鼓勵個案，去看醫生是很重要的。天使靈氣療癒師從不會告訴個案要停止用藥或更換處方藥，也從不提供疾病的診斷或是病理之預斷。

在個案離開後，代表這個療程已經結束，天使靈氣療癒師應該要讓他們從自己的意識當中離開。因為一切都處在神性秩序當中，不論人的看法是什麼，每一次的療癒都是最完美的，如果療癒師會擔心或考慮個案的後續狀況，這些想法將會讓療癒進程有所消滅。對於療癒師而言，對於療癒的進程不要有任何預期，如果這是最完美的療癒，那麼療癒的結果也將是最完美的。

其他注意事項

「療癒」能量無法量化

人很喜歡對一件事做評估，對於療癒也希望可以評估與量化，但實際上很多事情是無法評估或量化的，療癒經驗更是如此。

有些人認為，當接收者感受到療癒師給出的療癒能量大時，就代表這是一種強大的療癒方式，也會覺得此療癒對他有幫助，但如果接收者在療癒過程中什麼都沒感覺到，就會失望地覺得這樣的療癒能量很小或是沒有作用。

如果我們以河流來比喻能量的流動，當你用手去阻止水的流動，你的手會感受到水的力量所帶來的阻力；當你順其自然地讓水去流動，就不會感受到這股阻力。這只是用來比喻我們無法衡量療癒的能量及療癒的程度。雖然在天使靈氣的療癒過程中，不一定能感受到能量的流動，但能確定的是療癒正在發生中。不過，這種情況僅適用於天使靈氣療癒，對於其他的能量療法來說，沒有感覺的能量療癒就不一定有成效。

天使靈氣療癒是，當我們確定了療癒的意圖，並建立與神的連結之後，就全然地放手，因為我們知道宇宙將會帶給我們最完美的體驗。身為療癒師，無需擔心「療癒」是否成功，因為當我們知道療癒是由天使負責時，所有這些問題都不存在了。

天使靈氣是否可以做遠距療癒？

針對無法當面做療癒的接收者，天使靈氣療癒師會採用「遠距」療法的方式來傳送天使靈氣，遠距療癒與現場做療癒在本質上並沒有差異，但如果這位被療癒者是你從未見過的人，也不認識他，那麼療癒師在做遠距療癒之前，就必須知道這位接收者的姓名，這樣就可以在內在層面上與被療癒者做連結。如果接收者是親人或朋友，可以使用有當事人圖像的照片，或是在意識上與這位親友做連結的意圖即可。

天使靈氣療癒師可對任何物品做點化（調頻）

天使靈氣療癒師可以對任何物品做調頻，將這些物品的振動頻率調至天使級的振動頻率，包括：水晶、牌卡、項鍊和手鍊等配戴的物品，或是食物、飲用水等，各種大小植物、各種材質的物品等，都可調頻。

03

準備及奉獻空間

天使靈氣的整個教導及實踐過程都是基於所謂的「古老智慧」，開啟、奉獻及清理療癒空間是天使靈氣的基礎，而理解這些過程的原因與效果及其影響，都是很重要的。

「奉獻靈性的地方」這個做法在西方由來已久，這是指做禮拜的場所在開始使用之前都會將場地奉獻給神，而這個奉獻的過程是一種古老且基本的靈性實踐。

「奉獻空間」可使用的範圍很廣，並不只是用於療癒工作，像是每天上班時，將辦公室奉獻給這一天中需要面對的人事物，或是奉獻給美好的一天，讓這一天的所有事情都能非常順利地完成。換句話說，只需對你所做的任何事情快速祈禱和奉獻，將會使工作更輕鬆、結果更好，而奉獻空間會確實支持所有工作，無論是與創意性有關的畫畫、一個成功的會議或是做出正確的決策、維持和諧的關係等，都是非常有幫助的。

淨化空間

在奉獻空間之前先淨化空間，是很重要的。當空間中的能量可以自由流動，就能增強在那裡所做的一切，而這部分的淨化包括清潔環境、整理混亂的雜物，而清除雜物的過程也將使事物更自由地流動。有許多的靈性工具可用於清除和移動房間中的能量，例如：空間噴霧、熏香、海鹽、蠟燭、水晶、音樂等。

當這個空間被清理乾淨後，重要的是要將它充滿你所需要的能量，例如，當你想要連結天使時，就讓此空間充滿天使的能量。而在天使靈氣工作坊或進行天使靈氣療癒時，我們會在淨化空間後隨即做奉獻空間，讓此空間充滿了天使王國的能量及振動頻率。

奉獻空間

雖然我們稱之為「奉獻空間」，但明白「不被空間限制住」的觀念，是很重要的，因為我們周遭的每個地方都充滿了意識，而創造一個「專用空間」的原則是基於靈性上的意圖，重要的是理解「意圖」。因為意圖是「使事情」發生的重要能量，是清楚地意識到要爭取實現的目標為何，而這種意念的能量很強大的，而不僅僅是「希望事情會發生」而已。「使某事」發生與「希望」某事發生，在意念上的能量是有差別的，所以宇宙在回應我們意念上的想法時，也會有極大的差異。

人可以影響所處周圍的能量場，我們是這個空間的主人。當你的腦海中想到蘋果時，這種想法就已經形成。以靈性的角度來看，這是我們意識中的「事物」，而奉獻空間就是這種意識的展現。

當我們走進一個房間時，以前居住在這裡的人，其思想形式和能量都還存留在這個空間裡。當我們對此空間進行淨化和奉獻空間時，就可以創建我們想要這個空間成為的思想形式及能量，並且讓這個空間支持我們要做的事情。在此空間中，你可以召喚想要祂們前來協助的天使，讓在這裡進行的一切都可以順利圓滿。

天使靈氣的「奉獻空間」，是祈請天使為我們在空間中創建光柱並啟動光柱上的揚昇火焰，同時祈請上主默基瑟德、揚昇大師、大天使麥達昶為這空間降下白金網，來清理一切負面失衡的能量，並與白光大師瑟若皮斯・貝神殿中的揚昇火焰做持久連結，且召喚大天使麥可創建金色防護罩，來提供保護與轉化。這可以讓天使靈氣工作坊或療癒進程中，任何不與光之天使王國共振的能量，都無法存在於這個空間，也就是沒有任何負面能量能夠存在於此處，包括清理期間被釋放的一切負面及失衡的能量，都會被天使王國所轉化。

當一個空間被當作奉獻空間後，就是一個無條件接受的空間，在此空間中的人通常會分享自身一些從來沒告訴過別人的事情，能讓療癒師及被療癒者談論更多所關切的事情，也會加深被療癒者去改變的意願。療癒是多重層面的，如果被療癒者願意改變，可以讓整個療癒進程更具療癒性。

在天使靈氣的工作坊或療癒進程中，當你奉獻空間，在房間中創造天使能量後，天使的能量會與每個人的意識融合在一起，用無條件之愛擁抱每個人，允許任何人釋放身體或情緒中的負面能量，並立即將這種負面能量轉化為愛。這代表著天使王國的振動頻率一直在此空間中調節，讓能量維持在天使的振動頻率中，而這些轉化並不僅是在療癒的時候才發生，只要你待在此空間中，這將負面能量轉化成愛與正面能量的情況，就會一直存在著。

可幫助空間維持能量的靈性物品

有很多靈性工具可以協助空間維持能量，選擇自己喜歡的靈性工具，可以單一使用，也可以一起使用，重要的是你的意圖是愛。其實在不知不覺中，你已經開始使用這些靈性工具，例如，你在房間擺了喜歡的花、水晶，播放著音樂，讓房間感覺更好，這是你擺放這些物品的目的，所以經由有意識地使用這些靈性工具，將會增強你的目的。

我們心中的意念、意圖確實很重要，所以在每個靈性工具的選擇上都要非常仔細，如果你感覺到與這些靈性工具有愛的連結，也欣賞它本身的特質，會對你更好。

蠟燭

在世界上的每一座教堂、寺廟和聖地都會出現蠟燭，這並不是巧合，蠟燭是靈性上最高的體現，在做任何靈性工作時，該空間燃燒蠟燭，可以喚起更深層次的靈性存在。火的本質是轉化和淨化，如果你要展開新的狀態，不要使用已用過的蠟燭，最好是專門為這個新的目的去購買新蠟燭，這將會增強在該空間中燃燒蠟燭的效果。在使用後，建議不要用嘴吹熄蠟燭，使用蠟燭滅火器較佳，並在熄滅火焰時表示感謝。

植物、花、草

在空間裡擺放花卉與植物，除了讓人感到舒適、放鬆外，也讓人有好的心情，花草、植物本身就有其能量，能協助維護空間能量。

音樂

聲音會讓空間產生不一樣的能量，也會讓人有不同的感覺與情緒，有些音樂聽起來會讓人浮躁不安，有些音樂則會讓人的心穩定下來，所以選擇音樂非常重要，高頻率的音樂則會讓整個空間的頻率提升維持住好的能量。

圖像

現在有很多可供選擇的圖片，例如：天使、揚昇大師和符號的圖片，當你選擇圖片來支援空間保持能量時，最重要的是你與圖片之間的連結。如果它是大天使麥可的圖片，而你不喜歡它，則不會對空間產生積極的影響。圖片的品質也很重要，一張圖片會在其周圍產生一個能量，該輻射場的品質取決於創建該圖片的人的準確性和智慧。卡片的能量會與我們自己的能量產生共鳴，這是我們吸引來的能量，也是這張圖片會吸引我們的原因，當你喜歡這張卡片，就是透過愛的感覺去選擇它，它將會把這能量輻射到空間中。

水晶

很多從事靈性工作的人非常喜歡水晶，不同水晶有不同的能量及品質，只要選擇自己喜歡的水晶，淨化它或將它放在清澈的水中清洗，之後把它握在手中，欣賞它的美麗並感謝它，就足以透過它將能量保存在空間中為你提供服務。水晶就像水一樣，能夠含納投射到它身上的思想與能量，當你對它表示感激與愛，它將會把這些品質輻射回你身上及周圍的空間。

熏香、香氛噴霧

世界各地的靈性場所都會燃燒香，讓人記憶最深刻的則是它的「味道」。可產生香氣的能量商品很多，例如：祕魯聖木、白色鼠尾草、雪松，或各式香味產品或香氣噴霧，藉由它散發的香味來達到淨化及維持能量。重要的是，要以天然的材料並注意其製程的能量品質。

符號

可以選擇象徵性的符號來使用，例如：荷魯斯（Horus）、愛希斯（Isis）、安卡（Ankh）的雕像或符號，這些都帶來了它們所代表的原型的能量。

顏色

色彩對人的感官影響非常大，因為視覺神經對色彩的反應最為敏感。不過，人類對色彩的認知並不只在視覺上，色彩經過我們的眼睛、神經系統和大腦，再與我們的生活經驗結合，在生理、情感和思想上都產生影響。

所以，在創造室內空間的氛圍時也非常重要，現在有很多使用顏色的療癒方法，透過不同顏色，我們很容易感覺到房間內能量的差異。將色彩科學用於辦公室或家庭裝飾中，用自己喜歡的顏色來布置空間，可以真正改變能量。

Chapter 3

天使靈氣 療癒實例分享

01 與天使合作的天使靈氣療癒師

療癒師在進行天使靈氣療癒時，是與天使王國、揚昇大師及宇宙靈性階層一同合作。在療癒的過程中，療癒師將所有一切都交託給天使王國，所有的療癒過程都將是最完美的。在療癒過程中，要使用哪種療癒方式、要到哪個時空背景做療癒，皆全權交由天使決定。因為我們人類的眼界、感知及所了解的事物都非常有限，而天使是全方位、全面性地看待事情，對於被療癒者的了解程度勝過於療癒師。天使也非常清楚被療癒者在哪些面向需要療癒，需要療癒的時空背景在何時，所以天使靈氣療癒師只要把療癒空間維持住，其他的部分就交給天使王國來處理，這也就是天使靈氣的座右銘：They will, not my will.

天使靈氣療癒師只是「管道」，真正的療癒者是「天使」

天使靈氣療癒的實質，是整個進程由天使王國所指導。療癒師越能放下所有個人的見解和看法，療癒越會通過天使王國而給予。天使靈氣攜帶著大量神性震動頻率，這將會釋放被療癒者身體上或能量場中緊縮或阻塞的能量。

在傳送天使靈氣時，療癒師只是一個「管道」，他的工作是將一切交託給天使王國，並維持這個療癒空間。真正在施作療癒的是「天使」，而不是療癒師本身。所以在療癒進程中，療癒師只要專注於傳送天使靈氣即可，不需要判斷使用哪些符號來進行療癒，或配合符號來移動手部位置，甚至不需要知道被療癒者的問題是怎樣發生的，是這一世還是過去世的創傷，或者該傳送多少能量。天使靈氣療癒師不需要知道被療癒者的問題，因為天使自然會照顧好所有的一切。

人的意識及大腦受到限制，永遠無法全面了解被療癒者所有的狀況，也沒有足夠的能力及資源去感知神和天使所知曉的一切，因此交由天使來進行療癒，是最有效且安全的療癒方式。

正因為真正的療癒師是天使而非「人」，所以接收者就算對療癒師本人有成見，也可以安心放下這層擔憂，不需要考慮療癒師本身的感知能力如何，更無需擔憂療癒師是否完全了解被療癒者的狀況。在天使靈氣傳送過程中，療癒空間充滿了「天使能量」，而所謂的「能量療癒」就是天使的能量順著療癒師的雙手流下，流下的不是天使，而是天使的能量，這就是為什麼在做天使靈氣時，療癒師個人的能量不是最重要的原因。

在做天使靈氣療癒時，有時那些不舒服的地方會更加劇烈地疼痛；那些想壓抑下來而不去想的事物，也容易浮現出來；越害怕去碰觸的事情，在這無條件之愛且神聖完美的能量中，越會浮出記憶的檯面，讓人不得不正視它而無法逃避。天使靈氣的療癒會將這些內在最深層的傷痛一一挖掘出來，讓你重新去面對它、寬恕它、接納它，進而看到自己是神性的一部分，看見自己是神性的火花、是完美的。

傳送天使靈氣既簡單又困難

傳送天使靈氣是既簡單又困難的事。簡單之處是，療癒師只要將手放置在特定的部位，專注傳送天使靈氣即可，療癒師不需要特別記住任何符號或手勢，對療癒的結果也不需要承擔、不做任何預期，因為天使王國會照顧好所有的一切。

傳送天使靈氣的困難之處，也在於療癒師不需要做任何事，要求療癒師「放手」，以便讓天使的能量充滿自己的意識，使療癒師和天使能量合而為一。然而，放手並不容易，因為我們已經習慣對將發生的事情負起責任，要完全放棄所有的期待與希望，並將一切交給天使王國，是一個很大的挑戰，也是療癒師在傳送天使靈氣時需要學習的功課。

尤其是，若被療癒者是自己的家人或朋友，在療癒過程中，看著親人難過或不舒服時，療癒師要讓自己不要擔心、不要預期結果，放手交給天使王國的天使來做療癒，對療癒師來說會是一大考驗。

天使靈氣療癒師在天使靈氣傳送期間，最需要做的就是在無條件之愛中擁抱被療癒者，而無需有個人的判斷、想法、偏見、投射或個人期待。

02 天使靈氣療癒實例

1 天使靈氣療癒了前世的創傷

在天使靈氣療癒中，真正的療癒師是天使。

每次的天使靈氣工作坊，因為參與者不同，總能共振出不一樣的火花及能量，但可以肯定的是，天使始終看顧著參與其中的每個人，透過每一個階段的清理與點化，以及一次次的療癒練習，在適當的時間療癒每個人的「傷口」。

在一次「天使靈氣一二階工作坊」中，學員小瑋在一階的清理、點化之後，分享她在過程中的特別感覺。她說，在清理時，明顯感覺到有個勾子在她身上，一開始還有拉扯的感覺，但她知道那勾子還在身上，還沒有被「切斷」。小瑋說，她經常做戰爭的夢，但不知這夢境是否跟前世有關，還是一般的夢境，她覺得勾子要勾走的東西，可能與她經常做的戰爭夢有關。

第二天療癒練習分組時兩兩一組，進行的是「揚昇大師參與療癒」練習。與小瑋同一組的是蓉蓉，她為小瑋做療癒時，祈請揚昇大師梅翠亞（Meitreya）加入療癒。

如同其他療癒練習一樣，在音樂播放下，學員們專注在天使靈氣的傳送上，練習進行大約十分鐘後，蓉蓉突然放聲大哭，這大哭的聲音在安靜的教室裡顯得突兀，也驚嚇到其他練習的學員。我讓空間能量穩定下來，慢慢地蓉蓉的哭聲也逐漸轉為抽泣聲，最後停了下來，其他同學也恢復平穩的練習。

蓉蓉在療癒練習後分享經歷，她說在幫小瑋做療癒時，看到戰爭的場景，小瑋的過去世是帶兵打仗的將領，她看到的這場戰役死傷慘烈，有很多身體殘缺不全的血淋淋畫面，當下她覺得這些戰爭中傷亡的人非常可憐，所以悲從中來地難過放聲大哭。透過「揚昇大師參與療癒」的練習，蓉蓉看到的畫面與小瑋常做的戰爭夢不謀而合。

工作坊結束後的隔天，小瑋在群組裡跟大家分享了這個「戰爭」事件的始末，這應該算是她在「揚昇大師參與療癒」後的補充分享。

她說，來參加天使靈氣工作坊的兩個月前，她先生做了一個夢，夢中有非常多冤魂要來抓走她，先生很擔心她的狀況及安危，拉著她回婆家拜拜祈求平安。婆家供奉的是彌勒佛，先生拉著她一同跪在彌勒佛前磕了五百個響頭，希望保佑她一切平安。

之後，她報名參加「天使靈氣一二階工作坊」，在第二天療癒練習時，與她同一組的蓉蓉祈請的揚昇大師為梅翠亞。藉由梅翠亞的療癒，小瑋明顯感受到梅翠亞幫她把第一天清理時沒解開的勾子都解開拔掉了。

神奇又巧合的是，蓉蓉祈請的揚昇大師梅翠亞即是東方的彌勒佛，而兩個月前，他們夫妻倆跪求的就是婆家供奉的彌勒佛。小瑋覺得這是彌勒佛藉由天使靈氣的療癒，讓她與過去世戰爭中她傷害過的人一同被療癒了，讓過去世的恩恩怨怨在天使靈氣無條件之愛的療癒下，得到一個圓滿的結果，彼此不再被這業力所牽絆。

這整個事件的始末，彷彿冥冥中自有安排，小瑋非常感恩天使王國無條件之愛與梅翠亞（彌勒佛）的慈悲，彌平了她過去世的傷痛。從此之後，她再也沒做過戰爭的夢，生活也回復平靜，彷彿這件事從沒發生過一樣。

學習天使靈氣並非「向外求」，主要目的是透過天使無條件之愛，讓我們重新認識神性的自我。療癒過程中，療癒師或許會看見療癒場景，或是感覺到、看到或聽到一些資訊，或接收到一些畫面或見解，那是天使為了要指引療癒師該怎麼做才是對被療癒者最高善的協助，但並非每一次療癒過程中，療癒師及被療癒者都有畫面或訊息。

真正的療癒師是「天使」，祂在整個療癒過程中，會視每個人的狀況做不同的指引，因為每個人的感官能力不一樣，有的人是視覺型，有的人是聽覺型、感受型，所以不一定每次都有視覺畫面出現。即使沒有任何感覺、畫面、想法，對療癒的結果也沒有任何影響，並非在療癒過程中有畫面才代表這次療癒是有效果的，而沒有任何感覺和畫面的療癒就無效，因為天使靈氣療癒中，每一次療癒都是最完美的療癒。

2 女兒終於可以一個人睡覺了

阿青是一位視覺型的媽媽，而她的女兒一向怕黑，不敢自己一個人睡覺。之前，阿青學過其他療癒方式，想要療癒女兒的這個狀況，但通常只維持兩、三天又回復原狀。

阿青學了天使靈氣後，幫女兒做療癒，天使讓她清楚了解到天使靈氣療癒了女兒的哪些情緒及創傷。阿青幫女兒療癒的那一天，女兒覺得天使靈氣的療癒讓她非常舒服，那天晚上，不知道女兒哪來的勇氣，不但一個人睡覺，還自己把燈關了，隔天主動告訴阿青，以後她可以一個人睡覺了。身為媽媽的阿青真的又驚又喜，有種「出頭天」的感覺，因為終於不用每晚陪女兒睡覺了。

3 放下前世的因果

天使靈氣的療癒過程，是將療癒師及被療癒者，同時包裹在神完美且無限的愛的天使能量中。阿青也分享在天使靈氣高頻能量下，讓她快速「轉念」與「放下」的心路歷程。

阿青來上天使靈氣工作坊之前，報名了下個月即將開課的「前世催眠」課程，但上完工作坊後，她就退掉了「前世催眠」課。當初她會報名催眠課程，是因為想知道她與某人的前世因果關係，不過，她透過天使靈氣課堂中的清理、點化、療癒，已經知道自己與對方的前世因果關係，也確定了某些事情，雖然細節不甚清楚，但非常明白整件事情的緣由。

之後，阿青思索著，前世這個人傷了她，所以他在這一世需要承受身體病痛之苦，但他們兩人的前前世呢？或許是她傷了他？這樣因果業力冤冤相報，何時才能結束？

阿青當下轉念了，決定選擇和解及放下。她相信，自己能如此快速且坦然地放下與這位朋友的因果，是因為天使高頻能量的協助與療癒，她才能做到。因為過去的她只要想到這個人，就會充滿怨氣與憤怒，即使這個人在這一世並沒有對她不好，而且生了重病，但阿青不知道為什麼，對他就是有很強烈的情緒。

上完天使靈氣課程後，阿青決定原諒並放下前世的一切。她很清楚地認知到，與其說原諒對方，其實是與自己的內在和解，因為自己深陷在嚴厲的批判裡，才是那個最受苦的人。雖然阿青早就明白這個道理，卻始終無法跳出業力的框架。天使靈氣除了給她智慧與力量跳出這個因果，還讓她有智慧可以終止前世的業力。

天使靈氣無條件之愛，在一次又一次的療癒下，讓阿青解開內心長久的桎梏，對她來說，這是她上天使靈氣獲得的最大禮物。

4 一個不被父母期待出生的孩子

在進行天使靈氣療癒之前，療癒師需要花一些時間讓被療癒者放鬆下來，並且了解被療癒者來做療癒的原因，或希望天使靈氣如何幫助他。在傾聽之後，療癒師對這位被療癒者的講述，不能帶有任何投射或看法。如果療癒師在傾聽被療癒者的問題後，將被療癒者視為不健康或不完美，那麼這樣的想法便會被錨定到被療癒者的心中，而這種投射會讓這無條件的空間受到消滅。

曾經有一個年輕的個案來找我做天使靈氣療癒，療癒前，她表示自己來做天使靈氣療癒的原因，是樓下住了一位極度神經質的鄰居，幾乎每天都上樓來按門鈴，說他們的地板發出聲音吵到他，讓他深受噪音困擾，吵到他都想去死了。

這樣以死相逼的鄰居，讓這位個案有很大的心理壓力，即使她與室友已經將室內地板，以及可以移動或會發出聲音的家具都做了處理，但樓下的鄰居還是覺得很吵。

有一天，樓下的鄰居提著一袋木炭上樓按她家的門鈴，說再也受不了她們發出的躁音，想要燒炭自殺。這位個案受到幾次鄰居以死相逼的威脅而恐懼不已，整個情緒緊繃到崩潰的邊緣。

當我開始為她做天使靈氣療癒時，天使引導我祈請揚昇大師觀世音菩薩前來協助療癒。在天使王國能量的療癒及引導下，我看到一個胎兒在子宮裡，這個胎兒非常不快樂。我知道這是天使們引導我去詢問被療癒者的畫面。療癒結束後，個案主動告訴我，她在過程中看到了觀世音菩薩，那一剎那她好感動也覺得好安心。

後來，當我把自己在療癒過程中看到的畫面告訴她後，她用非常肯定的語氣告訴我：「在子宮裡的胎兒就是我自己。」她說自己是一個不被期待出生的孩子。她的母親是護理師，在懷孕的過程中，有幾次想要「拿」掉她。她出生後，母親也坦白告訴她，因為在懷孕過程中常跟先生吵架，曾擔心如果之後婚姻走不下去，留著孩子會有牽絆，夫妻吵架對腹中的胎兒也不好，所以曾想要「拿」掉她，但又心生不忍，一直到胎兒過大無法「拿」掉，媽媽才打消這個念頭。

天使靈氣療癒的是「因」而不是「果」，雖然她是因為鄰居以死相逼的恐懼來做療癒，但過程中所療癒的，卻是她未出世前在子宮中不被期待、恐懼自己生命被結束的那種無助與沒安全感。她說，自己在療癒過程中感受到一股溫暖的感覺，讓她知道自己是被愛的，令她感動得掉下淚來。

她覺得整個心安定許多，因為鄰居的恐嚇而恐懼、無助的慌亂心情，也頓時平復了不少。她說，她知道該怎麼面對及處理鄰居的事了。

5 天使靈氣是來自天使王國的能量療癒法

常有人看到「天使」兩個字，就會自動聯想到祂跟宗教有關，而一些基督教徒或天主教徒看到天使靈氣，也會猶豫這是否跟自己的信仰相違背。但如果你願意敞開心來認識天使靈氣，就會慢慢放掉這層顧忌，而且可以從中學習及感受到神的愛。

小芝是虔誠的基督教徒，她在工作坊中始終保持著一顆開放的心來學習，除了在課程中感受到天使靈氣的能量療癒使她的心更安定外，回家後也幫自己的先生療癒。

小芝曾跟我分享一張特別的照片，這是每次她幫先生做天使靈氣療癒後所留下的「手印」。在做天使靈氣療癒時，療癒師的雙手會放置在被療癒者的身體上，只是輕輕放著並沒有出力，小芝也是如此進行，只是每次她幫先生傳送完天使靈氣後，她放置在先生胸口的手，一定會留下非常明顯且完整的「手印」，印在先生的胸口上，而且印痕不會馬上消退，會持續近半個小時才逐漸退去。但這「手印」只有在她幫先生做天使靈氣療癒的時候才會出現，若幫別人療癒就不會出現。我笑稱這是他們夫妻之間「愛的手印」。

有一次，小芝幫先生傳送天使靈氣，天使引導她召喚揚昇大師耶穌加入療癒過程。結束後，先生告訴小芝，他感受到耶穌到來，整個能量讓她先生不由自主地感動到掉下眼淚來。我想，這種感動只有親身經歷過才能體會，而天使靈氣療癒總是會帶給人們驚奇與感動。

6 修女感受到天使給她的祝福了

凱倫是一位非常認真且具有愛心的天使靈氣療癒師，平常除了幫自己療癒外，也常幫周遭需要的親友或認識的朋友傳送天使靈氣。她在工作上認識了一位天主教的修女，這位修女約莫八十歲，受到修道院的影響，律己非常嚴謹，因此遇到問題時總是苛責自己，這次她遇上了無法跨越的關卡，整個情緒無法釋放，甚至覺得自己快要發瘋了，不知道上帝還要考驗她多久。

在一次閒聊中，凱倫跟修女說她要去學習天使靈氣，也跟修女聊到天使，但發現修女對於「天使」是感到陌生的。在凱倫上完天使靈氣一二階課程後，有一次跟修女聊天時，就表示自己想找個時間幫她傳送天使靈氣，順便練習一下。因為這位修女接觸過一些身心靈方面的療癒方式，對於能量療癒並不陌生，二話不說就答應了凱倫。

凱倫第一次幫修女做療癒是在現場施作，在修女抵達之前已經先做「奉獻空間」，讓整個空間充滿了天使王國的能量及防護，也播放著天使靈氣療癒時指定的音樂。但一開始，修女可能還無法放鬆下來，覺得現場的一切讓她很不舒服，先是覺得音樂太大聲、很刺耳，接著覺得燈太亮、冷氣太冷、棉被要蓋到腳等等。凱倫盡量滿足修女的需求，希望可以讓她放鬆下來、舒服一點。

進入療癒後，凱倫感覺到修女慢慢穩定下來，呼吸也變得更深層了。不久後，耶穌主動加入療癒，凱倫感受到耶穌的能量進來，整個背部熱熱的感覺很溫暖，讓她不由自主地掉下眼淚。接著，凱倫感覺到有股能量經由她的手傳送給修女，也感覺到她放在修女身上的雙手似乎有點懸空，有股能量在她的雙手與修女的身體之間運作。療癒進行到後段，聖母瑪利亞也加入療癒。凱倫感覺到聖母瑪利亞輕輕地握住修女的雙手很久很久，也明顯感受到聖母瑪利亞與修女之間深厚的愛，這一幕讓凱倫感動得眼淚直流。

療癒接近尾聲時，凱倫感受到第三眼開啟，並且朝著修女傳送許多粉紅色愛心光束進入修女的心輪，接著送出綠色光束。此時，凱倫看到修女的心輪有一座「冰山」，而這些粉紅色愛心及綠色光束將這座冰山逐漸融化；之後，修女的心輪綻放出金色的光，修女的心不再是一座冰山，而是紅通通的心。

療癒結束前，聖母瑪利亞將修女的手輕輕放置在胸口，希望她能感受到自己的心，能夠愛自己，並且相信，不管任何時間、地點，不管面對什麼困難、遭遇到什麼挫折，耶穌與聖母瑪利亞會永遠陪伴在她身邊。

在療癒結束後，修女分享她的體驗。她說一開始覺得很不安，所以無法將自己交託出去，尤其是聽到天使靈氣療癒時播放的音樂，讓她整個很不舒服，非常不喜歡。可是她想到已經答應要接受凱倫做天使靈氣療癒，就要相信她，就慢慢讓自己的心靜下來，讓自己去接受這一切。

修女說，在療癒的過程中，她不知道怎麼的眼角就泛起淚光，療癒進程中，除了身體沒有躺正，有些不舒服之外，心情沒有任何的躁動與不安，整體的感覺都不錯。她說，雖然她與天使並不熟悉，但還是向天使祈禱可以趕快讓她的身體好起來。

凱倫也將療癒過程中接收到的指引和訊息告訴修女，告訴她，耶穌與聖母瑪利亞始終陪伴著她。修女說她相信，但還是時常懷疑這兩位聖者真的在嗎？為何她感受不到？

第一次療癒過後大約半個月，修女與凱倫見面時，突然問她是否還在幫人做天使靈氣療癒？凱倫告訴修女，她目前以「遠距」療癒為主，比較不會受到時間、空間和距離的限制，時間也比較彈性。修女立刻表示，希望凱倫可以幫她做遠距療癒。

凱倫並沒有跟修女約定做遠距療癒的時間，只是告訴她會幫她做。但修女的期待心比較強烈，殷切地盼望天使可以讓她的身體趕快好起來。

凱倫告訴修女，如果能放下對療癒結果的期待會更好，修女回覆說：「我懂了，每一天都是祝福。」

凱倫在幫修女傳送遠距靈氣的時候，也提醒著自己專注於傳送，放掉對療癒結果的期待或想法，即使她很希望天使靈氣可以幫助修女，也要放下這樣的想法，因為每一次的療癒都是最完美的療癒。

這次的遠距療癒進程中，揚昇大師聖哲曼加入療癒，並以紫羅蘭火焰療癒修女，並在最後結束時對著凱倫比OK的手勢，之後收起了火焰完成療癒。

在遠距療癒後的某一天，修女告訴凱倫，她可以感受到天使給她的祝福了。對這位高齡八十歲的修女來說，從對天使是陌生的感覺，到能感受到天使給她的禮物，中間才經過一個多月的時間，而凱倫在這段期間也發現修女的狀況越來越好。天使，不一定讓你能夠看到祂，但天使的愛，一定能讓你的心感受得到。

其實，凱倫在為修女做第一次療癒前，心情非常緊張與期待，她很希望天使靈氣可以幫助改善修女的狀況，也很期待修女對天使靈氣有感覺。我請凱倫放輕鬆，對療癒的結果不要有期待與執著，這樣對療癒來說，會是最有效的療癒。

凱倫除了提醒自己在療癒時盡可能「放手」，不要有任何期待，一切交由最完美的天使來執行，也希望修女可以一起放下對結果的期待。讓凱倫驚訝的是，當她們兩人同時放手交給天使，修女遠距療癒之後回饋給她的，竟然比之前現場做療癒的效果還要好，讓凱倫深覺「放下對結果的期待」真的是非常重要的一件事。

7 重新認識自己、愛自己

小瑄是凱倫的好朋友，育有一女，為了夢想而與先生開了一家店。但是，隨著壓力強度不斷增加，前陣子先生開始出現自律神經失調加上情緒不太穩定的狀況，便到身心科看診並開始吃抗憂鬱的藥物。凱倫也幫小瑄的先生進行天使靈氣療癒，之後他的狀況逐漸恢復，可以過著正常生活。而身為太太的小瑄，雖然表面上沒什麼事，但這段期間也承受了極大的壓力。

有一次，小瑄與某位朋友的關係降到冰點，凱倫曾幫小瑄為這件事傳送天使靈氣。後來，凱倫發現需要被祝福的其實是小瑄本人，於是幫小瑄做了天使靈氣遠距療癒，在療癒過程中，她感覺到小瑄的右腳非常無力，在能量上腳和身體是無法連結的，導致她右半身都是虛弱的狀態。之後，凱倫從小瑄的回饋中得知，原來她小時候右腳曾經開過刀，生產時也傷到腰部，癱瘓了一陣子，此外，小瑄家族的女性一直以來都有腳方面的問題。

這次遠距療癒時，主要是療癒小瑄的心輪。在凱倫送出紫光及綠光後，凱倫感受到小瑄的心伸出一隻小手與她相握，那一瞬間凱倫的眼淚差點掉下來。後來，她看到一個小女孩坐在灰暗的空間裡不發一語，於是凱倫在天使的引導下送了一顆太陽般發光熾熱的心給小女孩，凱倫的手漸漸溫暖了起來！

之後，凱倫詢問小瑄，有多久沒有好好愛自己了？是否一直在顧慮他人而忽略了自己？小瑄突然想起自己近期剛好跟先生說過，她覺得自己生來就是做輔助及幫助家人和朋友的角色，家人好，她就好了，自己完全沒有特別想要什麼。凱倫建議她，把自己照顧好，才更有能力照顧他人，因為右手代表給予，而小瑄的右邊已經開始虛弱了。

小瑄的內在也有許多恐懼的能量，並常糾結在過去，她時常會回想過去哪個時間點為什麼做了那樣愚蠢的事，不時地在內心責備自己當時的做法，也會擔心別人在這一件事情上會怎麼看她。

小瑄說，在做天使靈氣療癒之前，她從未認真看待不愛自己這些事，也不覺得是個問題，直到這些事在這次療癒中浮上檯面後，才知道這些事是導致她心靈受傷的源頭。

藉由天使靈氣的療癒，讓自身沒有察覺的問題源頭浮上檯面，讓小瑄有機會重新好好認識自己、找回自己，這就是最完美的天使們所給出的最完美療癒，因為天使們總是知道當事人最需要的是什麼。

8 神啊，你支持我上天使靈氣課程嗎？

小芩是一位虔誠的基督教徒，她對於療癒課程非常有興趣，想要報名參加天使靈氣，但因為教會對一些事物有禁止及限制，即使她非常想來學習，心中卻非常猶豫及掙扎，因為這件事與教會的教義相違背。

在「天使靈氣一二階工作坊」報名優惠價的最後一天，我早上發訊息提醒她，如果想報名參加課程，可以把握這個優惠價的期間。小芩看到訊息的第一個時間就回覆我說，她陪姊姊在醫院待產，晚一點會報名。直到當天下午小芩報名後，我接到她的訊息，她告訴我，她記得當天是優惠價的最後一天，但內心非常猶豫要不要參加課程，所以她跟「主」禱告說，如果祂支持她來上天使靈氣，就請我再一次提醒她報名的事。就這麼剛好，我當天提醒了她，所以小芩覺得是「主」聽見她的祈禱，也支持她來參加天使靈氣，所以她開心地報名了課程。

小芩來上課的第一天其實非常不適應，即使她在猶豫要不要報名時，「主」已經回應表示支持她來參加，但她還是一直拿教會的模式與天使靈氣做比較，在課堂中也一直擔心著天使靈氣是否跟自己教會的規範有所抵觸，所以整個人在第一天非常緊繃，無法放鬆。

雖然小芩處於極度緊繃的狀態，但在天使靈氣無條件之愛的療癒下，融化了她受傷的心，她看到一些內心深處受傷的畫面。過去，她經常無條件地對別人伸出援手，也沒有任何防備地信任別人，但最後就像是為別人兩肋插刀，對方卻反過來插了她滿身刀。

這些往事讓小芩感覺很受傷，但她是個很壓抑的人，總是把自己的委屈、情緒都強壓下來，加上教會教導要「寬恕」別人，所以當她把自己的委屈說出來時，就會被說成是在「抱怨」，因而總是不敢將委屈說出口。但這些事情只是被壓抑著，情緒完全無處釋放，一直壓到最後受不了而在工作坊中爆發。

工作坊中，在天使靈氣的療癒下，這些埋在心裡的、被壓抑的事情一一浮上小芩的腦海，而那些委屈、生氣、憤怒、無助等情緒也在此時找到了出口，但小芩還是強忍著情緒。

我問她，療癒練習中有沒有任何感覺或想法，小芩紅著眼睛問：「我真的可以說嗎？我之前只要說出來，都被講成是在抱怨。」我告訴她，不要壓抑，想哭就勇敢的哭出來，在這裡妳是安全的，不會有任何人要你一定去「寬恕」讓你受傷的人。小芩哽咽地說，在療癒練習中，過去她被朋友背叛或是受到委屈的那些畫面一件一件地出現，情緒也不斷流洩出來。在療癒過程中，她感覺到溫暖、輕柔及安全感，也感受到自己被療癒著。

第一天課程結束後，小芩因為教會的關係，內心非常不安，原本想要放棄第二天的課程。但後來她很努力地找到了一個可以說服自己的理由，就是：「大家的目的地相同，只是每個人選擇的交通工具不同，還是會到達相同的目的地；就像生病時有人選擇看中醫，有人選擇看西醫或吃成藥，只是選擇的方式不同，但目的都是希望生命能痊癒。」小芩找到了自己的見解，她覺得基督徒藉由禱告，讓神自己動工成就見證，而天使靈氣療癒師藉由天使來進行療癒，是天使在動工。

小芩找到了說服自己的理由後，第二天上課前，她在公車上就先跟「主」禱告，請「主」護衛她，讓她可以享受課程，接受與教會營會不同的東西。她發現，自己的心情在第二天放鬆許多，甚至放鬆到想睡覺的程度。

在第二天的「多維度空間療癒」（過去世療癒）練習中，她看見在母親肚子裡還沒出生的自己，她感受到母親有好多情緒，在生活及各方面過得非常不容易。透過這次的療癒，小芩開始可以站在母親的角度體諒母親的辛勞，以及為什麼母親有這麼多的情緒，同時這次的療癒也提醒了她自己，母親的情緒對孩子的影響非常大，她希望自己可以學習正向樂觀，未來有孩子的話，孩子才會樂觀開朗。

9 我要戒酒，不想藉酒精釋放壓力了

小玲在上完天使靈氣一二階工作坊後，迫不及待的想跟朋友分享，她想起一位上海的朋友，想幫他傳送天使靈氣試試看。

這位上海的朋友是一位工作能力很強又有責任感的人，所以他承擔的工作壓力及工作量，經常讓他喘不過氣來，甚至在競爭激烈的職場中，

他辛苦努力的成果卻常被同事「占」為己有，讓他辛苦付出的心血在一夕之間化為烏有。

這讓他內心感到極為不平與憤怒，加上他在感情上也受到創傷，這一連串的不順心接踵而至，讓他深陷在自己的情緒裡走不出來，每晚下班後，都要藉著喝酒才能讓自己放鬆入睡。

小玲得知朋友的狀況不好，心裡很替他擔心，加上朋友人在上海，也無法找他出來散心，所以小玲發心，想要用剛學習的天使靈氣來幫這位朋友療癒他受傷的心靈，就主動開口詢問這位朋友願不願意當她的「白老鼠」，讓她練習，這位朋友也同意了。

他們約好時間做「遠距療癒」，在做完的隔天，朋友主動告訴小玲，他開始聽《心經》來靜心。因為這位朋友一直都是無神論者，也是不信任何宗教的人，所以一聽他這麼說，小玲著實嚇了一跳。但更令小玲驚訝的是，朋友竟然提出了「戒酒宣言」，覺得自己不能再這樣藉著酒精來對待自己的身體了，他要積極地改變生活方式。之後，小玲連續三天晚上都幫這位朋友做遠距療癒，療癒過程中，雙方都沒有任何的感覺或畫面，只是專注在傳送天使靈氣上。

大約過了十天左右，這位朋友突然告訴小玲，他這幾天心情糟透了，甚至想要輕生結束自己的生命。小玲聽了，非常擔心這位朋友的狀況，畢竟他遠在上海，而自己能做的除了電話通訊聯絡外，真的非常有限。小玲下班回家後，立刻幫朋友做遠距療癒，更提高聯絡的頻率，密切關心朋友的狀況，深怕他真的想不開，衝動做了輕生的決定。

在這次遠距療癒後的隔天，朋友在工作上出現了狀況。原本不是他的工作範圍，卻找他去支援，這已經讓朋友心生不滿。過程中，兩邊意見不合，溝通上出現分歧，加上這幾天朋友的心情極度不穩定，導致他與同事之間爆發嚴重的口角衝突。

事件發生的隔天，朋友憤而投履歷到公司的其他部門應徵，隔天便收到面試通知，更神奇的是，面試結束後立即收到錄取通知，所有一切轉變得太快，也非常戲劇化。

那位朋友任職的公司所規定的程序是，要轉調到其他部門，需要一個月前提出，所以他在收到錄取通知後，同樣要等一個月後才能轉職。在這一個月期間，原有的部門百般阻擾他轉調其他部門，小玲則幫朋友做了五次的遠距療癒，希望能協助朋友度過這人生重要的轉變期。

讓小玲欣慰的是，朋友在這段轉調的期間，情緒狀況漸趨平穩，他運用智慧處理部門同事刻意阻饒、刁難他轉調的事情，順利於一個月後轉任到新部門。

後來，小玲才知道，原來朋友轉調的新部門，是公司最高層級的研發部門，是非常不容易進入的單位，而新部門的主管對同仁非常好，不希望部門同仁加班，總是在下班時間前催促同仁，甚至主管會帶頭率領同仁「一起」準時下班。這位朋友轉到新部門後，與主管和同事相處得非常融洽，工作情緒穩定且開心，一掃過去在工作上的陰霾，也變得更積極樂觀。

小玲是藏傳佛教的弟子，會學習天使靈氣是希望能夠幫助需要幫助的人。她看到自己的朋友從憂鬱想輕生，到至今樂在工作，覺得非常開心，也感染到朋友轉變後的喜悅，尤其是她與朋友相隔這麼遙遠，卻能用天使靈氣陪伴朋友度過人生的困境，對她來說真的是非常棒的經驗。

天使靈氣療癒的是「因」而不是「果」，如果「因」解除了，「果」自然就不存在了。小玲的朋友因為工作環境的人、事、物，產生了極度的壓力與不安，需要藉助酒精來幫助自己放鬆，換了工作環境後，「因」就不存在了，壓力、憂鬱、無法入睡等這些「果」，自然就得到了解決。

小玲的朋友不滿意自己的工作環境，但或許在總總考量下，沒能跨出轉調部門的那一步，然而在天使靈氣的療癒下，幫助他找回勇氣，讓他給自己一個機會做出更好的選擇。天使靈氣的療癒過程，並非總是讓被療癒者覺得舒服或開心的，在過程中，那個需要被療癒的部位、事件可能會更加不舒服，但這只是療癒的過程，療癒後一切都會往更好的地方改變。

10與分居的先生打破僵局、外婆的病況回穩

蘿拉是一位塔羅師，她與先生已經分居好幾年了，自己獨自帶著孩子生活，是個辛苦的類單親媽媽。令她感恩的是，娘家的親人一直在身邊陪伴支持她，也鼓勵她去學習身心靈課程幫助自己。

蘿拉來上天使靈氣工作坊之前，曾上過非常昂貴的身心靈課程，但上課後覺得與她預期的落差很大，讓她一度對靈性課程有很大的質疑，因此蘿拉來上工作坊時，一開始是抱著觀望的心態來試試看，加上課程期間，跟她很親近的外婆病危住院，讓她感到非常不捨又擔憂，所以在課堂中，

可以從她臉上的表情感覺到心事重重。

在課堂中教授天使靈氣「遠距療癒」時，我們會請學員設定一個療癒對象來傳送靈氣，而蘿拉在做這個練習時，傳送的對象就是外婆，而且傳送時淚流滿面。

之後，蘿拉來參加了天使靈氣三四階工作坊，我看到她臉上帶著笑容，心情很好，整個人感覺柔和許多。

蘿拉分享這一個多月來在生活及心情上的轉變。她說，學完天使靈氣後，她除了幫自己療癒外，也會傳送天使靈氣給外婆與先生。之前病危的外婆，身體狀況漸趨穩定，也順利找到照顧的安養院，讓她原本懸著的一顆心放下來了。

另外，在天使靈氣一二階工作坊結束後的這段期間，蘿拉周遭的朋友建議她是否考慮離婚，因為先生始終不聞不問、沒有聯繫，這段婚姻著實是名存實亡，而且先生對這個家庭在金錢上、情感上，都沒有盡到為人先生與父親的責任，全靠蘿拉一個人支撐著。除此之外，這段婚姻關係也牽絆了蘿拉的心，所以她一直在思考是否該結束這段婚姻關係。

後來，由於蘿拉的孩子到了需要辦身分證的年齡，但要由父母陪同才行。蘿拉勉為其難地發了簡訊給先生，告知他這件事。沒想到幾天後，先生竟然回覆蘿拉，是否願意在電話上聊一聊。之後，因為孩子辦理身分證的關係，兩人也有見面。

見面時，蘿拉其實很緊張，因為不知道先生會跟她說些什麼，畢竟好幾年沒聯絡了。沒想到，先生主動表達願意每個月給孩子一些生活費，也提出想要與蘿拉及孩子們一個月見一次面的建議，他們夫妻的僵局就這樣打破了。

當你被療癒後，看待事情的角度會跟著轉變，那些原本糾結的想法也會慢慢的鬆開。你的心不會再因為所受的創傷而封閉，而能以正面健康的心態去看待你面對的問題，這就是療癒帶來的顯著改變。

11 為姨丈做臨終前的療癒

我第一次幫姨丈做天使靈氣療癒，是在他開刀切除腫瘤後的第三天。九十歲的姨丈剛開完刀，麻醉藥效逐漸退去，傷口也開始疼痛，多數時間都是在睡覺休息。我到病房時，姨丈正在睡覺，便靜靜地幫他傳送天使靈氣。由於姨丈剛開完刀，我擔心會碰觸到姨丈的傷口，便在乙太體上為姨丈做療癒。

我專注在傳送天使靈氣，放下對療癒結果的期待，一切都交託給完美的天使們來療癒。就這樣進行療癒約十分鐘後，我看到阿姨站在姨丈的身邊，對著我微笑點點頭。

那時，阿姨已經過世大約一年了，我對阿姨有好多的不捨與想念。阿姨在療癒過程中突然出現，而且是我在照片上看過的、三十歲左右的模樣。正在為姨丈療癒的我，忍不住哭了出來，對阿姨的想念頓時流洩而出。雖然天使靈氣是透過療癒師將天使靈氣的能量傳送給被療癒者，但過程中，傳送靈氣的療癒師也一同被療癒著，所以當我在幫姨丈做療癒時，自己也同時被療癒。

之後，我到病房外整理自己的情緒時遇到了表姊。表姐告訴我，姨丈的腫瘤化驗結果是惡性的，我們倆淚眼相對，被迫接受這個事實。

由於癌細胞擴散，姨丈的身體狀況越來越不好。在姨丈過世的前一天，我回去看姨丈時，他因為身體不舒服而需要左右翻動變換姿勢，所以我在乙太體上為他做療癒。雖然這次療癒的時間不長，但我知道這是最完美的療癒。

當天，我感受到空間的氛圍充斥著一種無法形容的能量狀態，我握住姨丈冰冷的手，念了幾次「不動佛心咒」，也召請大天使愛瑟瑞爾來守護與引領姨丈。而這一次，也是我最後一次為姨丈做天使靈氣療癒，因為姨丈在隔天圓滿走完他精彩的一生。

親愛的姨丈，謝謝你讓我有機會在你臨終前為你做天使靈氣療癒，謝謝你！

12為寵物做療癒

有些學員的家裡養了毛孩子，在學完天使靈氣後，也會在家幫毛孩子傳送天使靈氣。

阿光家裡有三隻貓咪，其中一隻貓咪不親人，也不喜歡被抱或靠近人。有一次，阿光幫家裡其中一隻貓咪傳送天使靈氣時，這隻不親人的貓咪竟然默默走到阿光身邊，還爬上他的腿，趴在膝蓋上，這是從來沒有過的情況，之後阿光也幫牠做了療癒。

毛孩子對於能量的敏銳度是很高的，有些人在家裡做自我療癒時，毛孩子常會感受到這充滿無條件之愛的能量而靠近這些人，因為天使靈氣的能量讓毛孩子覺得安心，也能撫平牠們焦慮的情緒。

有一位養貓的朋友，帶著貓咪到動物醫院結紮，由於手術時有打麻藥，需要等麻藥退了，才能將貓咪帶回家。但當朋友去動物醫院接貓咪時，這隻原本親人的貓咪變了一個樣，完全不理他、不看他，任憑他怎麼叫喚牠，或是拿牠喜歡的肉條來吸引牠，也完全不起作用。

起初，朋友以為是麻藥還沒完全退去才會如此，但過了幾天，貓咪的食慾依舊很差，整個性格大變且焦躁不安。以前非常親人的貓咪，竟然完全不理人，甚至朋友覺得貓咪是刻意避開他的眼神，不想看他。

朋友請我幫他的貓咪做天使靈氣療癒，我用遠距方式進行，感受到貓咪的情緒從驚恐、害怕、生氣到傷心。我問朋友，在做結紮手術前，是否有跟貓咪說這件事？朋友說沒有，因為他覺得這是小手術，也怕先跟貓咪說，會讓牠情緒躁動，所以結紮那一天，他帶貓咪到動物醫院後就先離開，直到貓咪麻藥退了，才回來帶牠。

當我把療癒時感受到的貓咪的情緒告訴朋友後，他立刻知道原因在哪裡。他覺得對貓咪非常抱歉，也能理解貓咪的這些情緒是怎麼來的，所以在天使靈氣遠距療癒結束後，朋友立刻抱起貓咪，撫摸著牠，向牠道歉。不久後，朋友就發來訊息，說貓咪已經開始進食，也開始有親人的小動作了。

天使靈氣是無條件之愛，而這療癒能量除了能療癒人們外，也能療癒動植物，對於穩定動物的情緒非常有幫助。

小叮嚀

在天使靈氣工作坊中，有著天使王國以及揚昇大師、神聖存有們的能量充滿其中，在工作坊進行的期間，這些高頻率的能量一直在協助每位參與者清理與療癒。

每一次工作坊的清理與點化期間，經常會有學員突然「想起」了過去一些讓他們感到受傷、委屈、恐懼，或是隱藏在心底深處不願意回想的事情。當這些畫面在天使靈氣高頻的能量下一一地浮現出來時，不一樣的是，天使們會用滿滿的天使靈氣能量包圍著參與其中的每個人，帶他們去療癒這些隱藏在內心深處的傷口。因為天使知道，對現在的他來說，需要切斷與這些傷口的連結，才能活出自己，讓自己越來越好。

或許這些傷痛太過深刻難受，他選擇將傷痛藏在內心深處的底層，深到連自己都以為「放下」了。但天使王國的天使們，非常清楚這些傷口並非真正的「過去」了，只是他將這些傷口封存起來，就像用一個硬物將它包裹住一樣，外表看起來沒事，但內在卻持續在滴血。當這樣偽裝「堅固」的傷口，遇上無條件之愛的天使靈氣後，就會開始融化，天使靈氣滿滿的愛會輕柔地將這些包裝在外面的硬物融化了。

所以在清理期間，這些傷口會浮上心頭，這些固著已久的傷口會慢慢融化成流動的情緒，難過、傷心、委屈、覺得被背叛等情緒都會在此時流洩出來，而這些之前被刻意壓抑下來的情緒，在天使靈氣的高頻能量療癒下，也會在流動後漸漸地恢復平靜。當他的內心重歸於平靜，就會開始用更高的角度重新看待這些事，不會再讓這些事情影響他。

BC1093

天使靈氣療癒入門
啟動內在的神性修復本能

作　　者｜黃靖雅
責任編輯｜于芝峰
協力編輯｜洪禎璐
內頁設計｜劉好音
封面設計｜小　草

發 行 人｜蘇拾平
總 編 輯｜于芝峰
副總編輯｜田哲榮
業務發行｜王綬晨、邱紹溢
行銷企劃｜陳詩婷

出　　版｜橡實文化 ACORN Publishing
臺北市 105 松山區復興北路 333 號 11 樓之 4
電話：（02）2718-2001 傳真：（02）2719-1308
E-mail 信箱：acorn@andbooks.com.tw
網址：www.acornbooks.com.tw

發　　行｜大雁出版基地
臺北市 105 松山區復興北路 333 號 11 樓之 4
電話：（02）2718-2001 傳真：（02）2718-1258
讀者服務信箱：andbooks@andbooks.com.tw
劃撥帳號：19983379 戶名：大雁文化事業股份有限公司

印　　刷｜中原造像股份有限公司
初版一刷｜ 2021 年 7 月
初版三刷｜ 2023 年 4 月
定　　價｜ 380 元
I S B N ｜ 978-986-5401-69-6

國家圖書館出版品預行編目（CIP）資料

天使靈氣療癒入門：啟動內在的神性修復本能／黃靖雅作．－初版．－臺北市：大雁文化事業股份有限公司橡實文化出版：大雁出版基地發行，2021.07
208 面；21×14.8 公分
ISBN 978-986-5401-69-6（平裝）

1. 心靈學 2. 超心理學 3. 靈修

175.9　　110007541

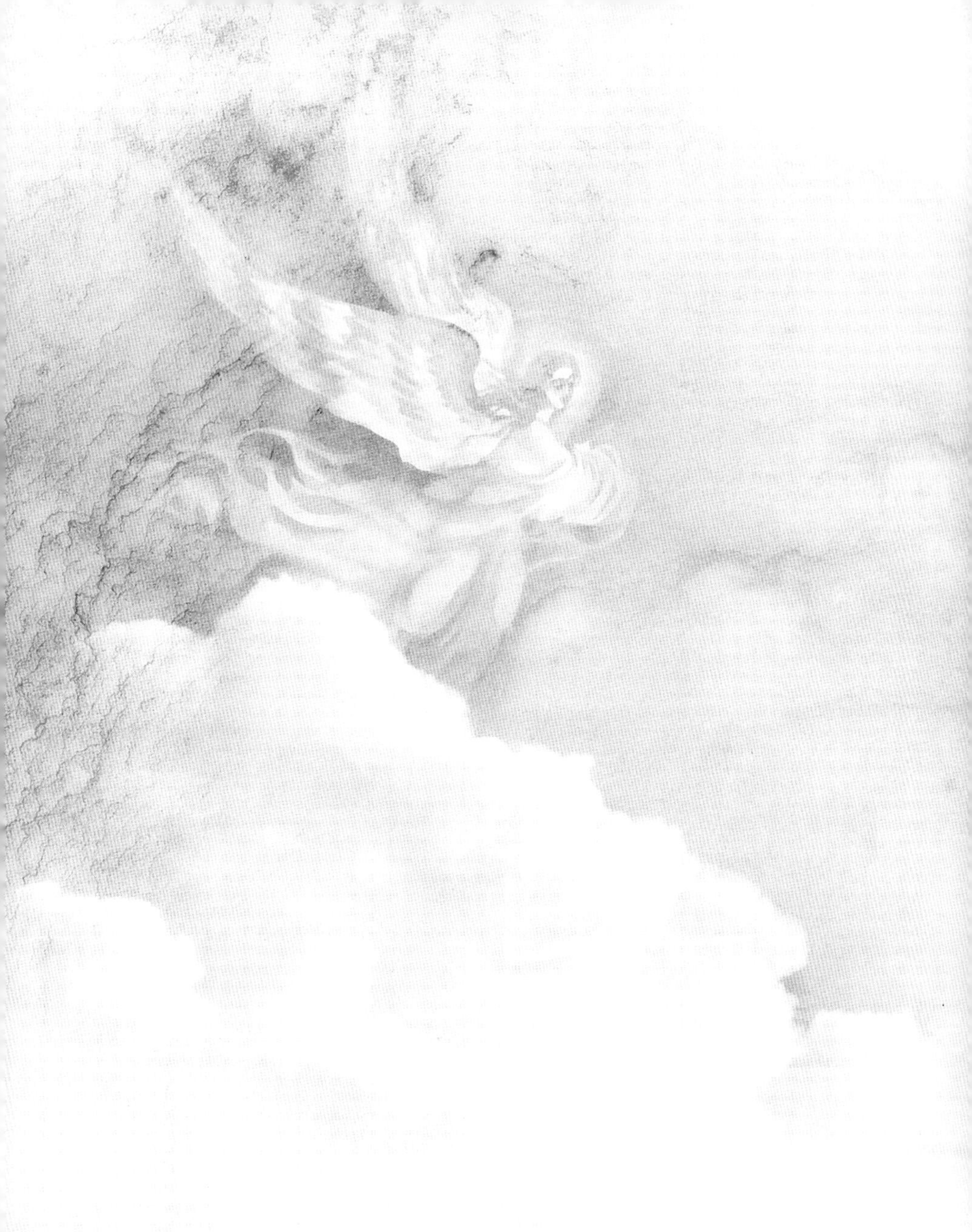